AF234211

A. M. E. Jacoulet
Officier de la Légion d'Honneur
Inspecteur général de l'Instruction publique
Directeur de l'École Normale supérieure
primaire de St-Cloud.

LE SOLFÈGE
RAISONNÉ

Ouvrage Théorique et Pratique

par

Albert VERNAELDE

*Professeur au Conservatoire National de Musique
et à l'École Supérieure de St-Cloud.*

Prix Net : **3 Fr.**

Inscrit sur la Liste des Ouvrages fournis
par la Ville de Paris a ses Écoles Communales

PARIS

Vᵛᵉ E. GIROD, Éditeur

16, Boulevard Montmartre, 16

(dans la cour à gauche)

1898

PRÉFACE

Cette méthode théorique et pratique de solfége est un ouvrage essentiellement pédagogique.

Par le plan que nous avons adopté elle répond, selon nous, à l'esprit de la loi scolaire du 28 mars 1882, qui rend obligatoire l'étude de la musique dans toutes les écoles de France.

En présentant ce livre au public, nous n'avons certes pas la ridicule prétention de faire oublier ni même négliger les ouvrages répandus dans l'enseignement et dont quelques uns sont dûs à des maîtres autorisés, mais nous sommes bien obligé de déclarer, dans l'intérêt même de la cause que nous servons, que beaucoup d'entre eux ne peuvent rendre au début des études — et nous insistons sur ce point — les services qu'on en devrait attendre, parce que les éléments qui les composent n'y sont point distribués d'une manière rationnelle ni méthodique.

Que penser, en effet, d'un livre de solfége dont les premières leçons sont consacrées à l'étude de la blanche et de la noire et qui, dès la dixième ou la quinzième page, offre à l'élève interdit, des combinaisons de contre-temps, de syncopes etc. etc. ? Le cas est fréquent !

De tels ouvrages ne s'adressent donc qu'aux privilégiés, à ceux qui peuvent passer rapidement sur les rudiments de l'art, parce qu'ils ont, suivant l'expression du poète :

Reçu du ciel l'influence secrète.

Ce n'est pas verser dans le paradoxe, pensons-nous, d'avancer que pour ceux-là les grammaires et les rhétoriques sont comme un luxe superflu, parce que le secret instinct qui les guide, fait qu'ils ont en eux, si nous pouvons nous exprimer ainsi, comme un vague ressouvenir de *choses qui auraient été déjà sues.*

Mais il en est tout autrement quand il s'agit d'enseignement populaire, quand cet enseignement s'adresse à la masse indistinctement et non à quelques individus d'élection.

Nous nous sommes en conséquence, appliqué à présenter les faits musicaux dans un ordre rigoureusement logique et progressif, insistant surtout par de nombreuses leçons très courtes sur les premiers éléments, fondant en un tout étroitement uni la théorie et la pratique, celle-là servant à l'intelligence de celle-ci et élaguant avec soin tout ce qui nous a paru devoir surcharger inutilement la mémoire de l'élève.

Ce livre est en un mot, un livre d'initiation.

Il faut avoir le courage de l'avouer, malgré la sollicitude si vive des hommes qui depuis vingt-cinq années se sont voués au développement de l'instruction publique en France, notre éducation musicale est encore à faire. (*)

Cet état de choses provient en grande partie, selon nous, de ce qu'il n'existe pas, que nous sachions, d'ouvrage rigoureusement conçu selon le plan que nous venons d'exposer.

En publiant cette méthode nous croyons donc combler une lacune et nous ajoutons que nous serons largement récompensé de nos modestes travaux s'ils peuvent aider à instruire les masses dans l'art que nous aimons et dont nous sommes le servant très humble mais aussi très fervent.

ALBERT VERNAELDE.

(*). Nous faisons exception, bien entendu, pour les grands centres et notamment pour Paris où des artistes d'un réel talent et d'une haute valeur professorale, obtiennent des résultats qui ne sont pas un des titres les moins éclatants de l'enseignement primaire dans la Capitale.

CONSEILS AUX PROFESSEURS

Ces conseils s'adressent particulièrement aux instituteurs et aux personnes qui sont obligés d'enseigner la musique sans avoir pu faire une étude suffisamment longue et approfondie de cet art. Il est donc bien entendu que nous ne prétendons pas servir de guide aux professeurs spéciaux dont un grand nombre sont des artistes d'une réelle valeur professorale.

De la théorie. — Nous ne saurions trop insister auprès du maître pour qu'il exige de ses élèves l'étude de la théorie, sans laquelle, d'ailleurs, notre ouvrage n'aurait plus sa raison d'être.

Les définitions devront être apprises de *mémoire, mot à mot*.

De la dictée. — Dès les premières études d'intonation, le maître commencera les exercices de dictée musicale.

Cette dictée sera *orale* jusqu'à ce que les élèves aient abordé l'étude du rythme. A partir de ce moment la dictée sera *écrite*.

De la dictée orale. — Le maître pourra prendre les exercices de dictée dans les études d'intonation que nous donnons en cette méthode. Voici comment il procédera : il vocalisera les sons par petits groupes de 3 ou 4 notes, d'abord et il en augmentera le nombre quand il le jugera opportun. Les élèves répéteront immédiatement après lui le fragment dicté en donnant aux sons vocalisés les noms qui s'y rapportent. Afin qu'ils aient un point de repère pour le groupe de notes qui suivra, il sera bon de reprendre chaque fois le dernier son connu et d'en faire par conséquent, le premier son d'une série nouvelle.

Dictée écrite. — Le maître chantera la dictée entièrement, en la vocalisant et pendant les premiers mois, il accentuera légèrement le temps fort de chaque mesure. Les élèves auront dès lors à reconnaître l'espèce de mesure, (deux temps, trois temps ou quatre temps).

Il est bien évident qu'il faudra commencer par des leçons à deux temps.

Ensuite le maître chantera, toujours en vocalisant la première mesure, plus le premier son de la mesure suivante, en expliquant aux élèves que ce dernier son se trouvera toujours après la barre de mesure et servira de point de repère pour continuer la dictée. Il veillera à ce que les élèves n'aient, à cette première audition, d'autre préoccupation que d'écrire les sons sans se soucier des valeurs ; ils n'auront donc qu'à les représenter par des points peu accentués, de manière à pouvoir les modifier selon les rhythmes.

Les sons étant notés, le maître dictera une seconde fois le même fragment et de la même manière : les élèves en écriront alors les valeurs en ne s'occupant pas du son placé dans la mesure suivante, ce son n'étant, nous le répétons, placé là que pour servir de point de repère pour l'intonation.

Enfin le maître répétera le fragment une troisième fois en enchaînant, c'est-à-dire en chantant immédiatement après, la mesure suivante plus la première note de l'autre mesure. Il procédera ainsi jusqu'à la fin de la dictée qu'il répétera dans son entier.

Du Solfége. — Dès que les élèves aborderont l'étude des valeurs de notes, le maître fera rhythmer les leçons avant de les faire chanter. Il veillera à ce que les élèves ne traînent point les notes en les nommant. Il pourra même faire détacher chaque note à l'exception des syncopes qui devront, au contraire, être soutenues et accentuées. Ainsi ce fragment

sera rhythmé ainsi :

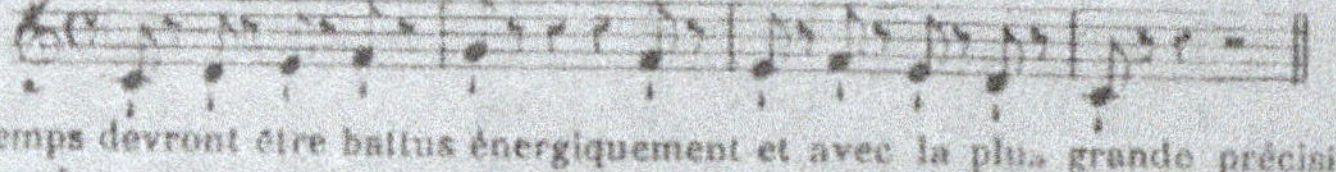

Les temps devront être battus énergiquement et avec la plus grande précision.

Chaque leçon sera précédée de la gamme majeure ou d'une formule qui établisse bien la tonalité. Celle-ci, par exemple, qu'on fera bien d'adopter concurremment avec la gamme.

Le Maître prendra toujours le ton au moyen du diapason et à la fin de chaque leçon il contrôlera avec soin si les élèves ont baissé ; il s'efforcera, dans ce cas, de remédier à ce défaut en portant surtout toute son attention sur le *mi* et sur le *si*.

Il est à remarquer, en effet, que ces deux sons sont, en général, pris *trop bas*. Il résulte des recherches que nous avons faites pour découvrir d'où provient ce défaut, qu'il faut, le plus souvent, l'attribuer à l'émission de la voyelle *i* que les élèves chantent presque toujours de la gorge. Le remède consistera donc à bien amener le son derrière les dents.

Lorsqu'une leçon de solfège sera bien exécutée, le maître la fera vocaliser ; il trouvera là l'occasion d'appliquer les conseils qui suivent et qui ont rapport à la voix et à l'émission.

De la voix. — Le maître étudiera isolément la voix de chacun de ses élèves. Cette étude réclame une attention et un soin tout particuliers. S'il a affaire à des voix de femmes ou d'enfants, il veillera à ce que ceux-ci prennent la voix de tête, a partir du *sol* de la deuxième ligne. Pousser la voix de poitrine au-delà de cette limite serait compromettre l'organe à bref délai et créer, par suite un obstacle sérieux à la justesse.

Notre cher Maître et ami M. Crosti, l'éminent professeur de chant du Conservatoire de Paris, fait remarquer dans son très intéressant ouvrage « La voix des enfants » ouvrage dont nous recommandons particulièrement la lecture, que « lorsque l'élève dépasse le registre ordinaire de la voix de poitrine les sourcils « *se froncent*, tandis que dans la voix de tête il n'y a aucune dépense exagérée de « force ».

Par ce moyen le maître reconnaîtra facilement en regardant l'élève si notre recommandation est observée.

Tenue du corps. — Les élèves se tiendront droit, les épaules effacées sans exagération bien entendu, le sternum en avant, de manière à faciliter le libre jeu des poumons. Il ne faut pas oublier que le chant est un exercice très propre à développer la cage thoracique « L'exercice professionnel de la voix, dit le docteur « Mandl dans son livre l'*Hygiène de la voix*, donne un développement et une « vigueur plus grands aux muscles du thorax et du larynx. »

Les élèves tiendront la musique à la hauteur du point visuel. Nous ajouterons que nous déplorons absolument la fâcheuse habitude qu'on a, en général, de faire chanter les élèves assis.

Emission du son. — On peut dire que le chant, en tant qu'émission, réside dans la souplesse des muscles du larynx et de la bouche. Il est donc important que le Maître exige de l'élève la souplesse la plus absolue de ces muscles, car la moindre contraction a pour effet de ressérer la voix dans la gorge, de la rendre sourde et de nuire à la justesse.

Les exercices de vocalises se feront sur À, un *a* bien rond comme dans pâte, en ayant soin de faire vibrer la voix bien en avant, dans le masque et d'ouvrir largement la gorge de manière à ce que le son sorte librement.

Les exercices de solfège ou de vocalises seront faits à pleine voix, mais en aucun cas l'élève ne devra exagérer l'émission qui fatalement aboutirait au cri. Le cri est la négation du chant, il peut causer aussi à bref délai la perte totale de la voix.

De l'articulation. — Le Maître exigera que les élèves articulent avec netteté le nom des notes. Il est démontré qu'une bonne articulation augmente dans des proportions notables le volume de la voix.

Des chants à l'unisson. — Dès le début des études, le Maître apprendra aux élèves des petits chants à l'unisson. Il veillera avec soin sur l'observation des nuances, se rappelant que généralement les *piano* sont exécutés trop fort, il exigera — nous le répétons — que les paroles soient articulées avec une grande netteté et que les sons s'enchaînent bien les uns aux autres sans qu'il y ait entre chacun d'eux ce détestable *diminuendo* que les élèves inexpérimentés ne manquent pas de faire. Il faut, en un mot, suivant l'expression vulgaire « garder toujours l'archet à la corde. » Il sera indispensable que l'élève comprenne bien le sens des paroles qu'il a à chanter.

Des chœurs — Aussitôt que les élèves se seront un peu familiarisés avec les solfèges à deux parties, le Maître commencera l'étude des chœurs. Il classera, au préalable, les voix avec le plus grand soin. Les élèves qui éprouveraient de la difficulté à monter ne seront, sous aucun prétexte, classés dans la première partie. Chaque partie sera étudiée séparément et phrase par phrase, puis on fera des répétitions par deux parties (première et troisième, seconde et troisième etc.)

Au moment de l'attaque le Maître exigera que les élèves aient les yeux dirigés vers son bâton, afin que cette attaque soit bien franche et faite avec le plus grand ensemble. L'accord final devra être quitté également avec la plus rigoureuse précision.

Pour obtenir un ensemble harmonieux, il sera indispensable que le maître réprime avec fermeté cette tendance qu'ont trop souvent les élèves à chercher à dominer la voix de leurs compagnons. Il faut que toutes les voix se fondent intimement, c'est là la condition *sine quâ non* d'une belle sonorité.

Plus que jamais on exigera la stricte observation des nuances, se rappelant que dans une phrase qui se développe en *crescendo* les élèves ont généralement une tendance à précipiter ce crescendo de façon à ce qu'il arrive brusquement au lieu de procéder progressivement par les différentes teintes de la sonorité.

Examens. — Nous ne saurions trop recommander au maître de faire à des dates fixes des examens *individuels*, de théorie, de solfège et de dictée.

En ce qui concerne le solfège nous savons, par expérience que, même dans un cours présentant un ensemble d'exécution très satisfaisant, il n'est pas rare, si l'on prend les élèves individuellement, de constater que la majeure partie est inapte à chanter d'une manière correcte, le moindre fragment proposé.

Ici s'arrêtent les conseils que nous nous permettons de donner aux Maîtres.

Il y aurait bien des choses à dire encore, mais nous nous sommes borné aux plus essentielles car notre but étant d'offrir au public un ouvrage vraiment populaire, partant accessible à tous par son prix, nous n'en pouvons augmenter le volume dans des proportions trop considérables.

Que les maîtres n'oublient pas que s'ils veulent obtenir de réels progrès, ils doivent insister avec persévérance sur les premiers éléments de l'art. Qu'ils ne se pressent pas d'aborder les leçons trop difficiles avant que les élèves n'y soient suffisamment préparés ; qu'ils soient assurés avant de commencer l'étude de la croche et du dièse que les élèves sont en état de chanter et de rhythmer des leçons à 2 à 3 et à 4 temps, avec l'emploi des rondes, des blanches, des noires et des silences correspondants ; qu'ils insistent sur la *tonalité d'ut*.

Si ce début est fait en bonne conscience l'élève saura où il va et ses progrès seront dès lors assurés ; si, au contraire, le maître passe trop rapidement sur les premiers éléments, les élèves — et nous entendons par là les enfants des écoles pour qui, surtout cet ouvrage a été écrit, — perdant de plus en plus contenance et ne pouvant plus s'assimiler les difficultés qui se présenteront, feindront de suivre la leçon, pour échapper à la réprimande qui pourrait leur être faite, mais depuis longtemps leur esprit courra ailleurs.

LE SOLFÈGE RAISONNÉ

LA MUSIQUE

1. **Définition** — La musique est la langue des sons.

2. — Le son est l'effet produit sur l'ouïe par les corps sonores mis en vibration.

3. — Comme le langage parlé, la musique possède des signes d'écriture qui permettent de fixer la pensée musicale dans toutes ses manifestations. Tous les airs ou mélodies que nous entendons peuvent donc être reproduits par des signes ou caractères.

LA PORTÉE

4. **Définition.** — La portée est un ensemble de cinq lignes horizontales également espacées entre elles.

5. — L'espace compris entre les lignes se nomme interligne.

6. — Les lignes et les interlignes de la portée se comptent de bas en haut.

La portée se compose donc de cinq lignes et de quatre interlignes.

DES NOTES

7. **Définition** — Les notes sont des signes qui se placent sur les lignes et dans les interlignes de la portée.

8. Les notes représentent des sons et des durées.

9. Selon leur position sur la portée, les notes représentent des sons différents.

10. Selon leur forme, les notes représentent des durées différentes. (Ce paragraphe trouvera son explication au chapitre relatif aux figures de notes).

NOMS DES NOTES

11 Tous les sons musicaux, c'est-à-dire tous ceux dont l'oreille peut apprécier

la hauteur ont été répartis en séries de sept notes auxquelles on a donné les noms de :

Ut ou do, ré, mi, fa, sol, la, si.

Remarque. — Aujourd'hui on dit généralement *do* au lieu d'*ut* comme étant plus facile pour l'émission du son.

Ces sept noms suffisent pour représenter tous les sons musicaux parce que les séries en se suivant ne sont que la reproduction de la 1re série.

(Le professeur fera entendre une gamme, en la répétant à l'octave supérieure)

DE LA CLÉ

Nous avons dit, page 1 paragraphe 9 que les notes selon leur position sur la portée représentent des sons différents.

Il nous faut donc, maintenant que nous connaissons le nom des notes, trouver un moyen de distinguer la place qui est assignée à chacune de ces notes sur la portée.

C'est la clé qui nous fournira ce moyen.

12. — **Définition.** — La clé est un signe qui se place au commencement et sur une des lignes de la portée et qui donne son nom à *toutes les notes* occupant la même ligne qu'elle.

13. — Il y a trois clés : la clé de *sol*, la clé d'*ut* et la clé de *fa*. (La clé de sol ayant seule à occuper notre attention, quant à présent, nous nous bornons à l'étudier à l'exclusion des deux autres).

14. — La clé de sol se place sur la deuxième ligne de la portée et se représente ainsi :

Remarquez, qu'en effet cette clé est en quelque sorte assise sur la deuxième ligne de la portée.

Il résulte donc des explications que nous venons de donner, que toutes les notes placées sur la deuxième ligne prendront le nom de *sol*.

Exemple :

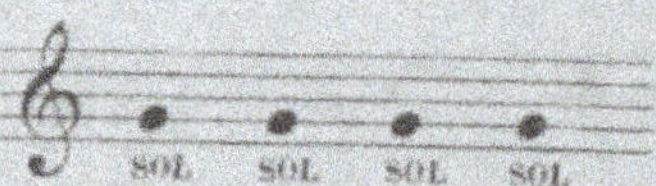

15. — **Règle.** — Les notes se suivent sur la portée de ligne à interligne et d'interligne à ligne dans l'ordre : do, ré, mi, fa, sol, la, si en montant et do, si, la, sol, fa, mi, ré, en descendant.

Application — Quelle est la note qui dans l'ordre indiqué ci-dessus, suit le *sol* ? Cette note est *la*. Conformément à la règle le *la* se trouvera placé entre la deuxième et la troisième ligne :

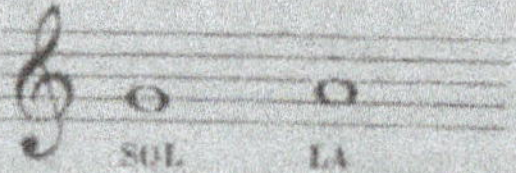

En continuant ainsi nous aurons après *la*, et en suivant l'ordre ascendant, la note *si* et comme le *la* occupe le deuxième interligne, le *si* qui le suit trouvera sa place sur la troisième ligne et ainsi de suite.

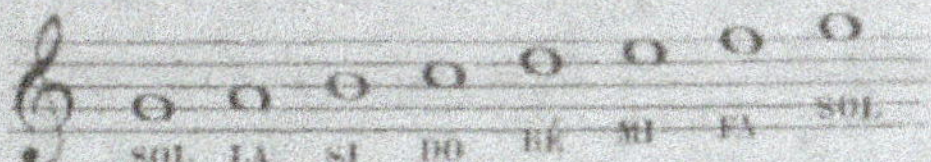

Faisons maintenant la même opération mais dans l'ordre inverse, c'est à dire en descendant, pour trouver la place qu'occupent sur la portée les notes qui précèdent *sol*.

Quelle est donc la note qui précède immédiatement le *sol* ? Cette note est *fa*. Conformément à la règle, le *fa* se trouvera placé entre la 1re et la 2me ligne.

En continuant ainsi nous aurons avant *fa* et en suivant l'ordre descendant la note *mi*.

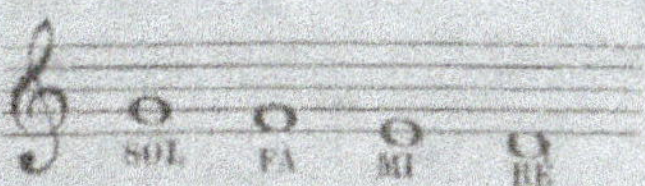

Remarquez que le *ré* se place au dessous de la première ligne et le *sol* au dessus de la 5me ligne.

LIGNES SUPPLÉMENTAIRES

16. — Nous pouvons voir par l'étude que nous venons de faire, que la portée renferme onze sons ; savoir cinq sur les lignes, quatre dans les interlignes, un au-dessous de la première ligne et un au dessus de la 5me ligne. Il est évident que s'il n'était possible de représenter que ces onze sons sur la portée, l'étendue en serait absolument insuffisante.

Pour donner à la portée une étendue plus grande, on a imaginé les lignes supplémentaires.

17 **Définition**. — Les lignes supplémentaires sont des petites lignes qui se placent au-dessus et au-dessous de la portée. Ce sont en quelque sorte des fragments de portée dont le mécanisme, au point de vue de la lecture, est le même que pour la portée.

1er Exemple (en partant de *ré*, son connu)

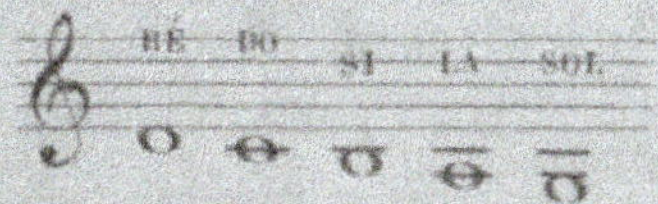

2° Exemple (en partant de *sol*, son connu) :

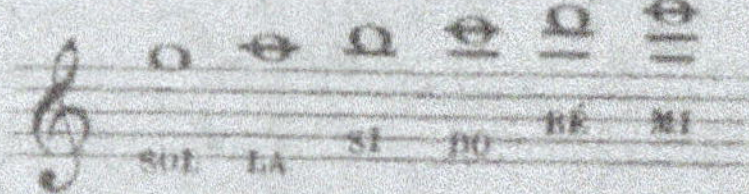

Remarque. — Pour les études qui suivront nous n'aurons pas à employer la plupart des notes placées sur les lignes supplémentaires, ces notes étant en dehors des limites de la voix.

DE LA LECTURE DES NOTES

18. — Comme complément à la partie théorique que nous venons de donner voici, au point de vue pratique, le moyen que nous employons pour amener l'élève à se familiariser promptement avec la lecture des notes. Ce moyen nous a toujours donné des résultats très satisfaisants :

Nous supposons, suivant le procédé depuis longtemps en usage, que la main ouverte comme dans l'exemple ci-dessous, en espaçant les doigts, à égale distance, représente la portée.

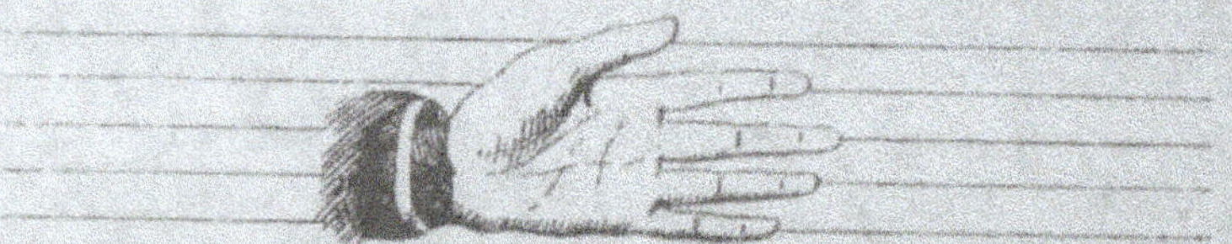

Mais pour fixer plus rapidement dans la mémoire de l'élève la position des notes sur la portée, au lieu de désigner chacun des doigts par le nom qui lui est propre : auriculaire, annulaire, etc.; nous lui donnons le nom de la note correspondant à la ligne que chaque doigt représente.

L'auriculaire se nommera Mi
L'annulaire   —   Sol
Le médius   —   Si
L'index   —   Ré
Le pouce   —   Fa

Quand l'élève saura bien, de mémoire, le nom des doigts, il intervertira le nom des notes de manière à les bien posséder et à les reconnaître, quel que soit leur ordre de succession.

Observation. — Il est important d'insister sur cette étude jusqu'à ce qu'il n'y ait plus d'hésitation ; un travail trop hâtif amènerait inévitablement la confusion.

Lorsque le nom des notes placées sur les lignes sera parfaitement su, l'élève apprendra le nom des notes qui occupent les interlignes, en se rappelant que ces notes sont toujours placées entre deux sous déjà connus.

Devoir. — Écrire des notes sur la portée en ayant soin de ne pas les placer dans leur ordre nominatif et en indiquant au-dessous et en toutes lettres les noms qui s'y rapportent.

Exemple

DO SOL MI LA RÉ FA SI RÉ DO

Nota — L'élève devra faire un grand nombre de devoirs semblables ; ses progrès dépendront surtout du soin et de la persévérance qu'il aura apportés dans ce premier travail. Nous avons remarqué très souvent que des sujets, même bien doués, ne progressaient que lentement parce qu'ils ne possédaient pas d'une manière absolue la pratique de la lecture des notes.

DE L'INTONATION

19. — Maintenant que nous savons lire les notes sur la portée, il nous faut apprendre à chanter ces notes quel que soit leur ordre de succession, et en donnant à chacune d'elle le son qui lui est propre. C'est l'étude de l'intonation qui nous en fournira le moyen.

20. **Définition.** — L'intonation est le degré de hauteur qui appartient en propre, à chacune des notes.

21. — Si nous chantons les notes dans l'ordre que nous connaissons déjà, soit do, ré, mi, fa, sol, la, si, en ajoutant le *do* qui suit le *si*, nous obtenons un ensemble de sons formant un sens complet, auquel on a donné le nom de gamme diatonique majeure.

Exemple

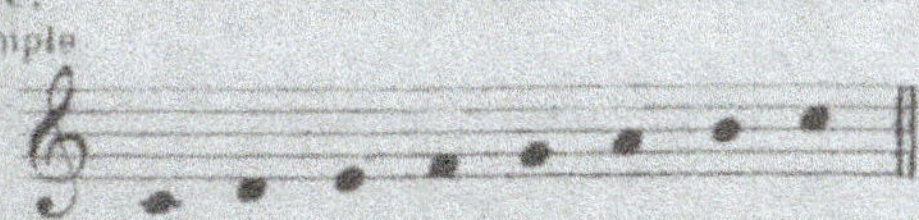

22. **Définition.** — On appelle gamme, la série des sons, do, ré, mi, fa, sol, la, si, do, se succédant dans cet ordre en montant, ou dans l'ordre inverse, en descendant (do, si, la, sol, fa, mi, ré, do).

23. — Cette gamme est la base de tout notre système musical ; elle en est aussi, en quelque sorte, l'alphabet. En effet, de même que dans le langage parlé, c'est au moyen des lettres de l'alphabet, que l'on forme les syllabes et par suite les mots, en musique, c'est au moyen des sons pris dans la gamme que l'on forme tous les airs ou mélodies que nous entendons.

24. — Chacune des notes de la gamme a reçu le nom de *degré*. Ainsi *do* est le premier degré, *ré* le deuxième, *mi* le troisième etc.

DES INTERVALLES

25. Les sons pouvant, dans leurs rapports de succession, être séparés par des distances plus ou moins grandes, ont été classés en catégories spéciales qui ont reçu le nom d'intervalles.

26. **Définition.** — On appelle intervalle la distance qui sépare deux sons.

27. — Les intervalles se mesurent par le nombre de degrés qu'ils renferment. Ainsi l'intervalle :

L'intervalle :

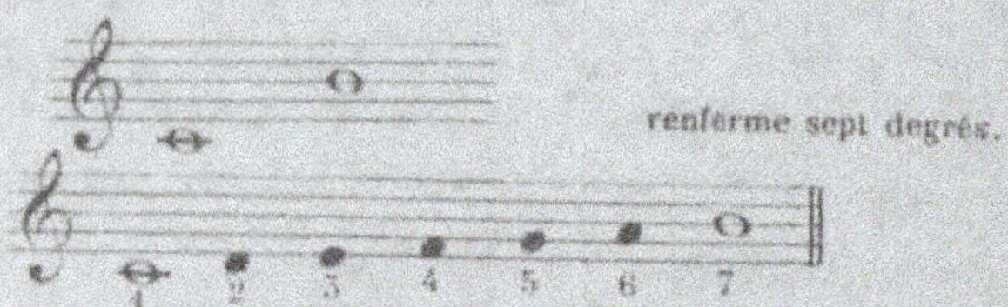

28. — Pour distinguer ces intervalles plus ou moins grands, on a donné à chacun d'eux un nom particulier.

L'intervalle renfermant deux degrés se nomme Seconde.

—	trois	—	Tierce
—	quatre	—	Quarte
—	cinq	—	Quinte
—	six	—	Sixte
—	sept	—	Septième
—	huit	—	Octave
—	neuf	—	Neuvième
—	dix	—	Dixième

et en continuant ainsi nous aurons les intervalles de onzième, douzième, treizième, quatorzième, etc.

INTERVALLES SIMPLES ET REDOUBLÉS

29. — Les intervalles se divisent en intervalles simples et en intervalles redoublés.

Les intervalles simples sont ceux qui ne dépassent pas l'étendue d'une octave. Le plus grand des intervalles simples est par conséquent l'octave.

Les intervalles redoublés sont ceux qui dépassent l'étendue d'une octave. Le plus petit des intervalles redoublés est par conséquent la neuvième.

DU SOLFÈGE

30. — C'est par l'étude du solfége que l'on se familiarise avec l'intonation des différents intervalles.

31. — Solfier c'est chanter les sons en donnant à chacun d'eux le nom qui lui est propre.

Les exercices qui vont suivre ont donc pour but d'habituer l'oreille à apprécier les rapports des différents intervalles reproduits par la voix.

Recommandations importantes — L'élève aura le soin :

1º De donner à chaque note une valeur égale soit à peu près une note par seconde.

2º D'observer un léger temps d'arrêt avant chaque barre qui coupe la portée.

3º D'attaquer le son franchement, sans mollesse, mais aussi sans saccades.

4º De soutenir le son sans le diminuer jusqu'au moment où il attaquera le son suivant et surtout sans traîner.

5º De chanter à pleine voix mais sans qu'il en résulte aucun effort.

6º De se tenir droit, les épaules effacées, la poitrine en avant, sans exagération, bien entendu.

7º De prendre à partir du *Sol* (2ª ligne de la portée) la voix de tête et de n'employer, dans aucun cas, la voix de poitrine au-dessus de cette note.

8º De s'habituer dès le début des études d'intonation à *lire d'avance* et d'embrasser d'un seul coup d'œil le plus grand nombre de notes possible.

(Nous ne saurions trop insister sur cette dernière recommandation qui est d'une utilité capitale pour former de bons lecteurs).

ETUDE DE L'INTONATION

GAMME DIATONIQUE MAJEURE

INTERVALLES DE SECONDES

8

INTERVALLES DE TIERCES

5

INTERVALLES DE QUARTES

6

INTERVALLES DE QUINTES

7

INTERVALLES DE SIXTES

INTERVALLES DE SEPTIÈMES

INTERVALLES D'OCTAVES

DU RHYTHME

32. — Maintenant que nous commençons à nous familiariser avec les intonations c'est-à-dire avec les sons *dans leurs rapports de hauteur*, nous allons aborder l'étude des sons *dans leurs rapports de durée* autrement dit leurs différentes combinaisons rhythmiques.

33. — **Définition.** — Le rhythme est la durée du temps qui s'écoule entre l'émission de chaque son. Le rhythme est indépendant de l'intonation, ainsi le tambour reproduit le rhythme et non l'intonation.

34. — Si nous chantons un air quelconque, nous remarquons que les sons n'ont pas une durée égale. Ainsi dans cet air :

Les deux premières notes *à mon* se chantent plus vite que la troisième, la quatrième et la cinquième note : *beau Château*.

(Le Maître chantera ce fragment ou tout autre chant connu de l'élève en marquant le rhythme au moyen d'une règle).

Nous avons donc à rechercher maintenant le moyen de *mesurer les sons*.

FIGURES DE NOTES

35. — Pour indiquer, par l'écriture, le temps plus ou moins long à donner à chaque son, on a imaginé les *figures de notes*. Ces figures sont au nombre de *sept* savoir : la Ronde, la Blanche, la Noire, la Croche, la Double-Croche, la Triple-Croche et la Quadruple-Croche.

36. — Ces figures de notes placées dans l'ordre que nous venons d'indiquer représentent toujours en se suivant la *moitié* de la valeur précédente. Ainsi la blanche qui suit la ronde, vaut la moitié de la ronde ; la noire qui suit la blanche, vaut la moitié de la blanche et ainsi de suite.

La ronde est donc la valeur la plus longue qui doit être considérée comme *un entier* dont les autres figures de notes sont les fractions, ce qui nous donne le tableau suivant :

DE LA MESURE

37. — Nous connaissons les rapports de durée des figures de notes entre elles, mais il nous faut apprendre maintenant par quels moyens nous pouvons *mesurer* ces figures de notes c'est-à-dire les répartir selon leur valeur dans le temps qui s'écoule.

Supposons qu'une note représentée par *une ronde* soit soutenue, c'est-à-dire, prolongée par la voix pendant *quatre secondes*, la blanche qui vaut la moitié de la ronde devra donc être soutenue pendant *deux secondes* ; la noire qui vaut la moitié de la blanche pendant *une seconde*. Si nous poursuivons notre démonstration, nous verrons qu'il faudra chanter deux croches par seconde ou quatre doubles-croches, ou huit triples-croches ou seize quadruples-croches par seconde également.

38. — Pour mesurer le temps qui s'écoule et donner à chaque figure de note la durée exacte qui lui appartient, on exécute des mouvements avec l'avant-bras et la main faisant ainsi en quelque sorte l'office du pendule. Ces mouvements doivent être faits, bien entendu, avec la plus *grande régularité* c'est-à-dire que le temps qui s'écoule entre chacun d'eux, doit être *rigoureusement le même*. Chacun de ces mouvements se nomme *temps*.

39. — Afin de simplifier la lecture de la musique et aussi de permettre d'en mesurer plus facilement les valeurs de notes, on a imaginé de couper la portée de distance en distance au moyen de barres verticales, appelées *barres de mesures*

40. — L'espace compris entre deux barres de mesure se nomme *mesure*. Ainsi l'exemple précédent renferme *cinq mesures*.

41. — **Définition**. — La mesure est la division d'un morceau de musique en parties d'égale durée.

42. — La mesure, à son tour, se subdivise en parties d'égale durée appelées *temps*.

43. — Il y a trois sortes de mesures :

La mesure à 2 temps ;
La mesure à 3 temps ;
La mesure à 4 temps.

C'est-à-dire que dans certains morceaux de musique chaque mesure renferme 2 temps, que dans d'autres chaque mesure renferme 3 temps et que dans d'autres, enfin, chaque mesure renferme 4 temps.

Suivant l'un ou l'autre de ces cas, on dit qu'un morceau est à 2 temps, 3 temps ou 4 temps.

DE LA MANIÉRE D'INDIQUER LA MESURE

44. — Pour indiquer les différentes espèces de mesure, on place au commencement du morceau, immédiatement après la clé, *deux* chiffres disposés sous forme de fraction, la barre de séparation en moins ; exemple :

Le numérateur (chiffre supérieur) indique le nombre de temps de chaque mesure, le dénominateur (chiffre inférieur) indique la valeur représentant l'unité de temps, la ronde étant considérée comme entier. Ainsi 2/4 (sous entendu deux quarts de la ronde) signifie que la mesure est à 2 temps puisque le numérateur est 2 et que l'unité de temps, c'est-à-dire chaque temps, est représenté par une noire, quart de la ronde.

Dans la mesure à 3 temps ainsi que dans la mesure à 4 temps l'unité de temps est donc également la noire, puisque le dénominateur est 4.

DES TEMPS FORTS & DES TEMPS FAIBLES

45. — Tous les temps d'une mesure n'ont pas une égale importance au point de vue de l'accentuation.

Pour cette raison, chaque mesure renferme une ou plusieurs parties fortes ou faibles appelées temps forts et temps faibles.

46. — Le 1er temps de toutes les mesures est fort, les autres sont faibles, à l'exception du 3e temps de la mesure à 4 temps qui est demi-fort.

DE LA MANIÈRE DE BATTRE LA MESURE

47. — Battre la mesure c'est indiquer l'ordre des temps des différentes mesures par des mouvements de l'avant-bras et de la main.

Dans la mesure à 2 temps le 1er temps se frappe de haut en bas, le second temps de bas en haut.

Dans la mesure à 3 temps, le 1er temps se frappe de haut en bas, le second temps de gauche à droite, le troisième temps de droite en haut.

Dans la mesure à 4 temps, le 1er temps se frappe de haut en bas, le second temps de droite à gauche, le troisième temps de gauche à droite et le quatrième temps de droite en haut.

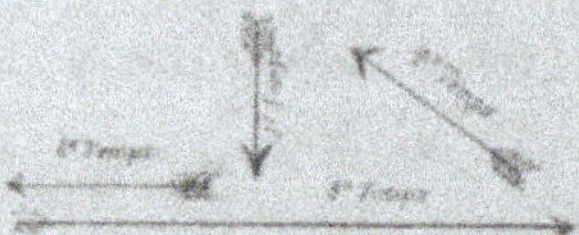

48. — Tous les temps de ces mesures sont divisibles par deux ; on les nomme pour cette raison : temps binaires (bis, deux).

49. — Il est important de remarquer que les barres de mesures séparant les mesures entre elles, indiquent la fin d'une mesure et le commencement d'une autre. La 1re figure de note qui suit la barre de mesure, se trouve donc sur le 1er temps. Nous insistons d'autant plus sur cette remarque, qu'il arrive fréquemment au début des études, que les élèves battent la mesure à faux, c'est à dire qu'ils ne font pas concorder le 1er temps de chaque mesure avec le mouvement de bras correspondant.

Observation importante. — La répartition des temps entre eux exige une régularité absolue ; il est donc indispensable que l'élève s'habitue à battre la mesure avec la plus grande précision.

Il remarquera que du dernier temps d'une mesure au **1er** temps de la mesure suivante, le temps qui s'écoule doit être le même qu'entre les autres temps.

50. — Nous recommandons tout particulièrement :

1° De se tenir droit, le coude au corps et sans balancement.

2° D'éviter les grands mouvements du bras qui ne peuvent que nuire, chez un élève inexpérimenté, à la régularité de la mesure.

3° De marquer les temps avec assurance, sans traîner, en portant vivement la main dans chaque direction et en lignes bien droites.

4° De ne jamais frapper la mesure avec le pied.

5° De ne jamais presser ni ralentir le mouvement.

6° De lire d'avance, c'est-à-dire de ne jamais attendre le moment où l'on quitte une note pour lire la note suivante.

Il faudra donc, lorsqu'on exécute la dernière mesure d'une portée, avoir déjà le regard fixé sur la 1re mesure de la portée suivante.

7° D'avoir soin de bien soutenir chaque note pour la durée qu'elle représente, la blanche pendant deux temps, la noire pendant un temps.

8° **De ne jamais oublier de battre la mesure.**

Le professeur fera lire d'abord chaque leçon sans la chanter, mais en la *rythmant* et dans un mouvement modéré, sans traîner.

Il commencera, dès à présent, les dictées rythmiques, en se servant des leçons qui auront été chantées par les élèves, il continuera à faire lire les notes au commencement de chaque cours et exigera toujours les devoirs écrits.

Nous lui recommandons tout particulièrement ce que nous appelons *les exercices rythmiques d'invention*.

Dans ces exercices, l'élève inventera lui-même des mesures avec les combinaisons qu'il aura étudiées. Au-dessus de chaque note, il écrira le nom de cette note et au-dessous de chaque mesure, il indiquera l'ordre des temps. Exemple :

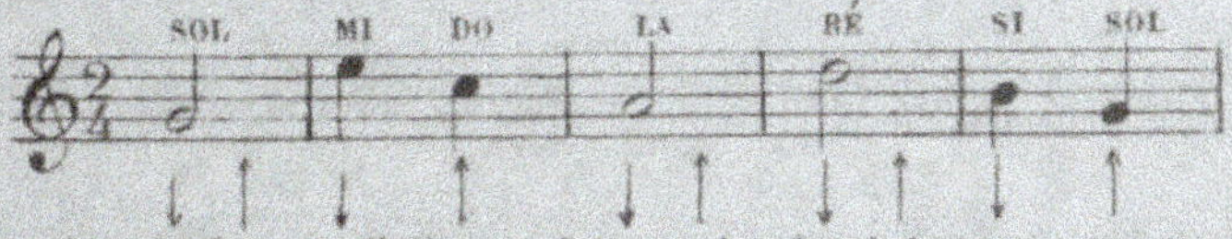

Il est bien évident que l'élève ne doit pas chercher à écrire *un air* et que, par conséquent, ces exercices sont destinés à être lus en les-rythmant, mais *sans les chanter*.

ETUDE DE LA BLANCHE

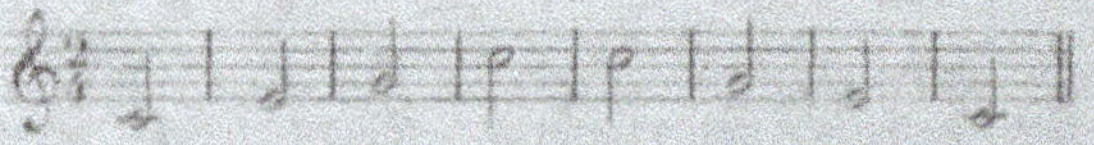

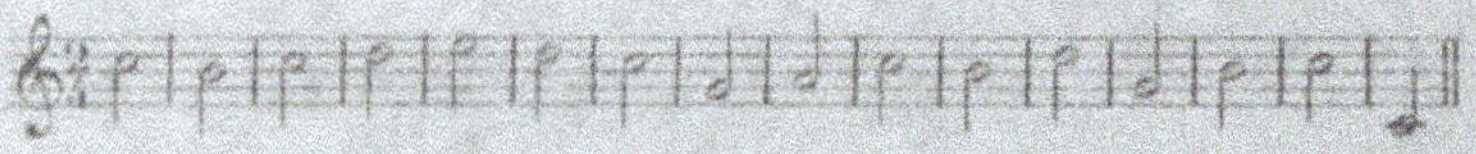

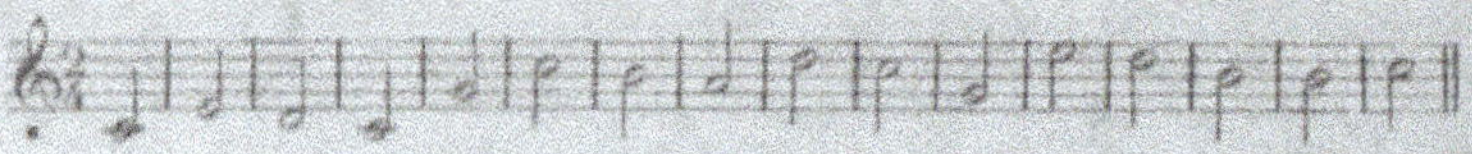

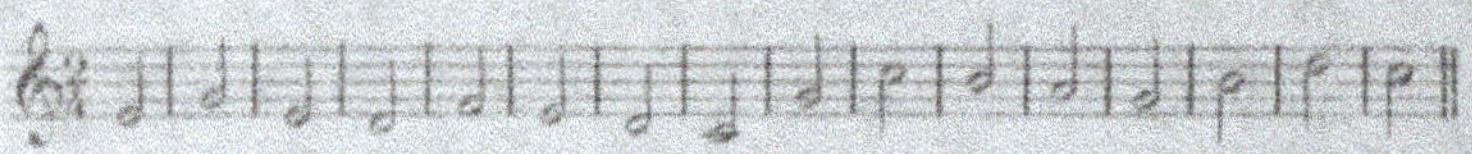

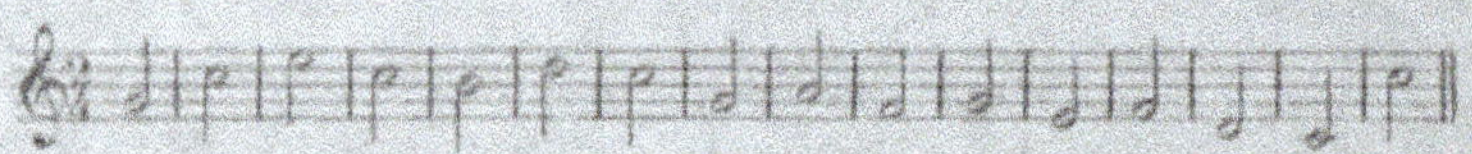

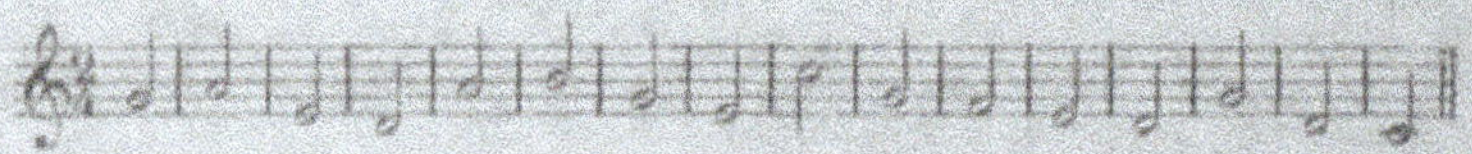

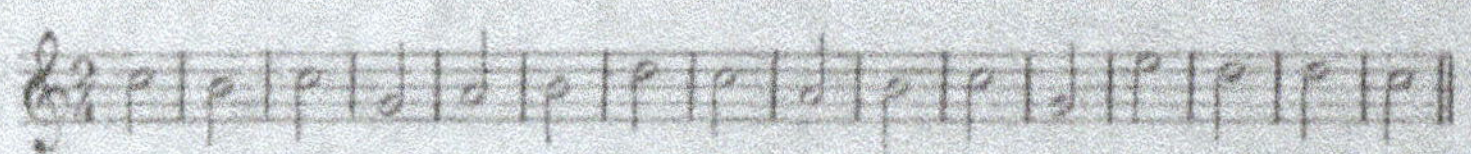

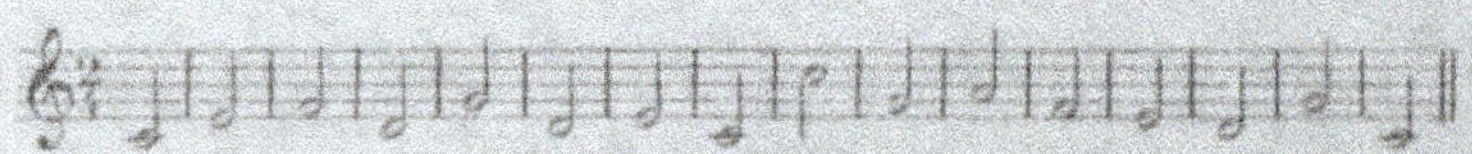

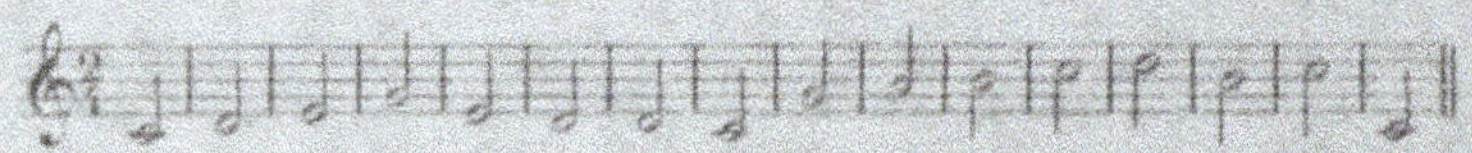

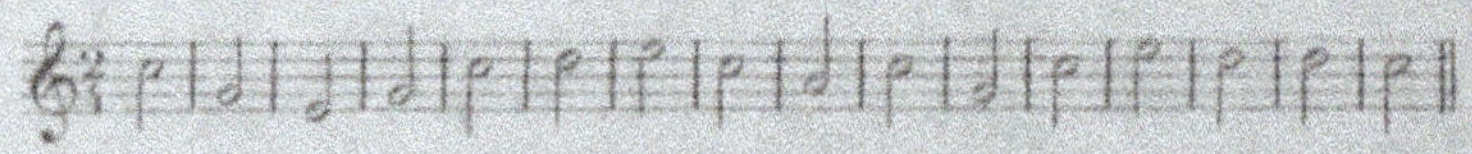

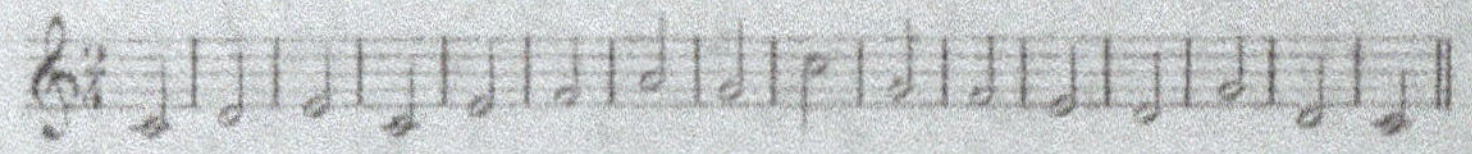

ETUDE DE LA NOIRE

1er 2e

46 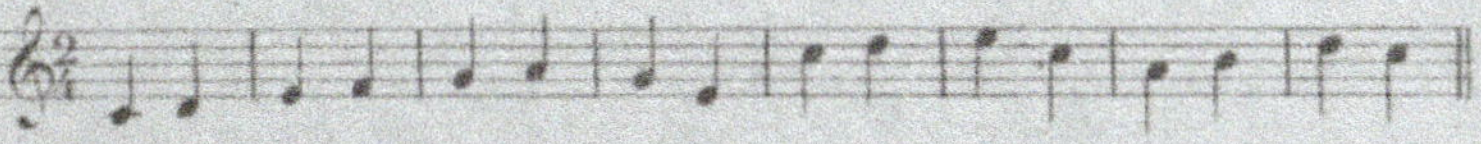

47 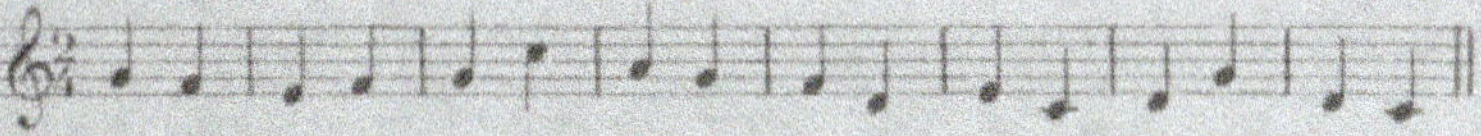

48 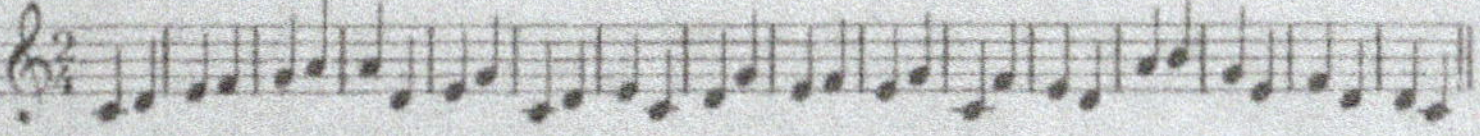

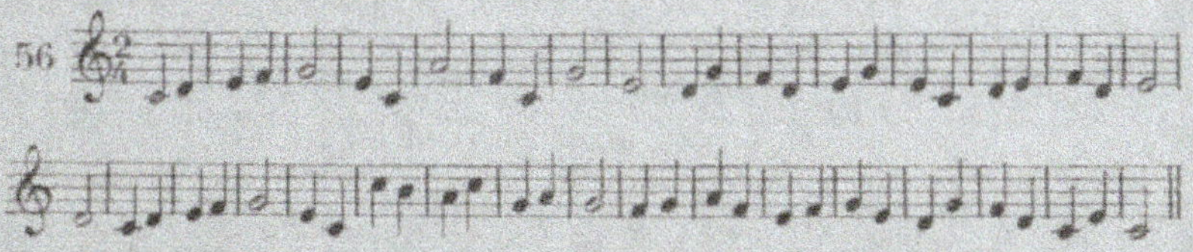

49 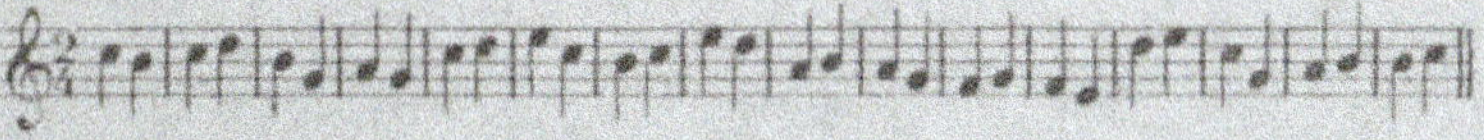

50 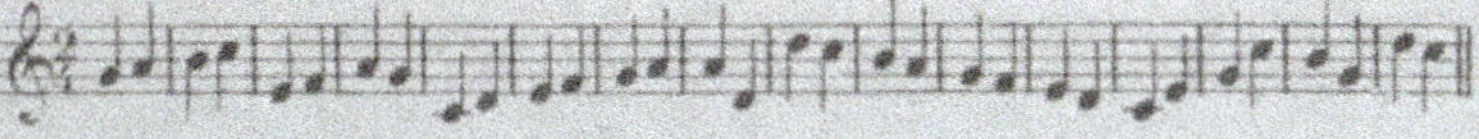

51 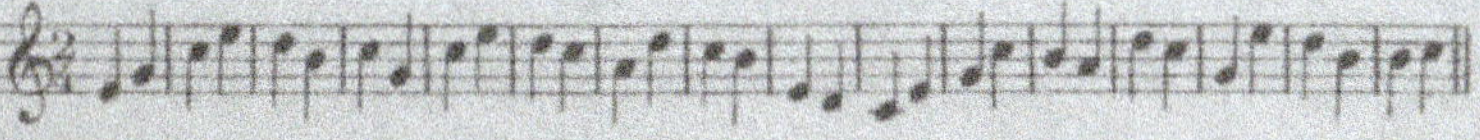

52 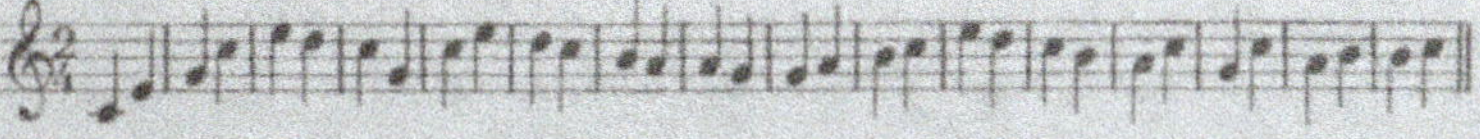

53 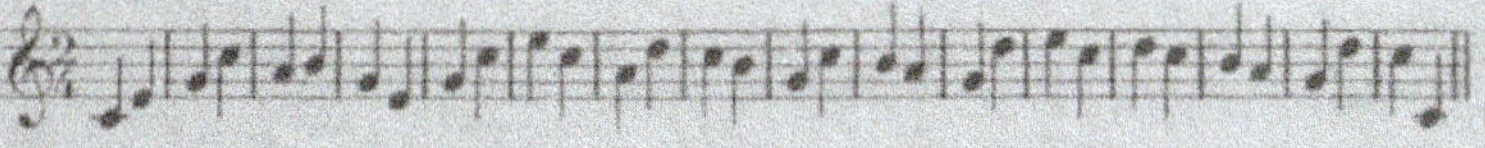

54 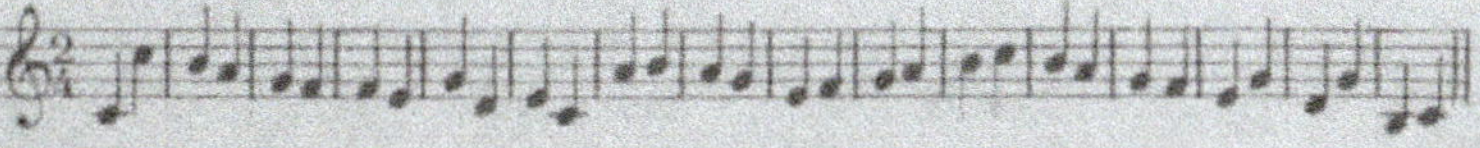

55 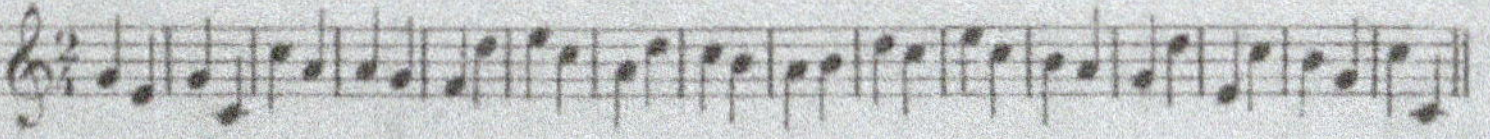

Mélange de blanches et de noires

56

18
57
58
59
60
61
62
63
64

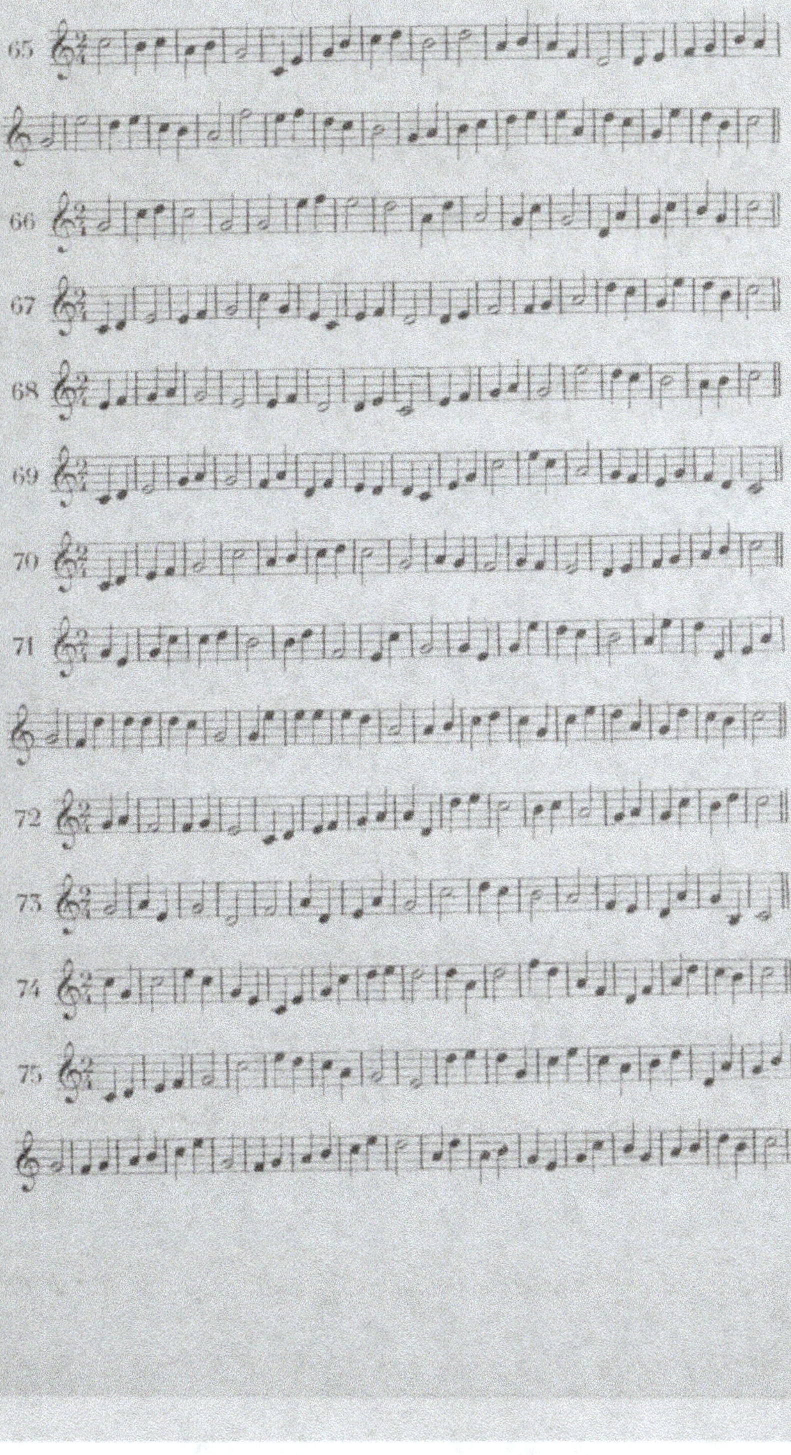
65
66
67
68
69
70
71
72
73
74
75

MESURE A 3 TEMPS

Combinaison : **trois noires**

95
96
Mélange de blanches et de noires
Combinaison: une blanche et une noire
1re 2e 3e
97
98
99
100

101
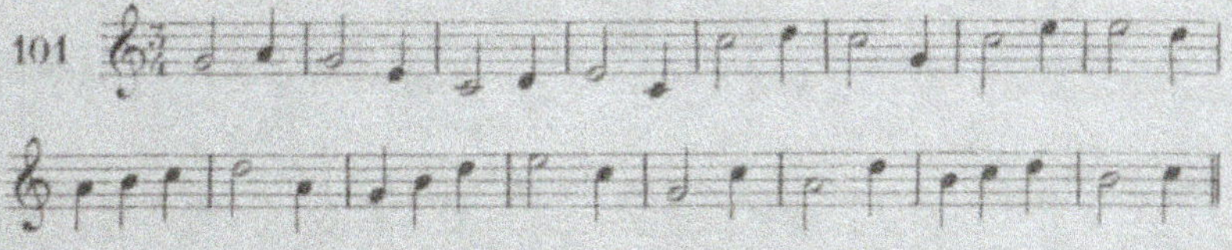

102
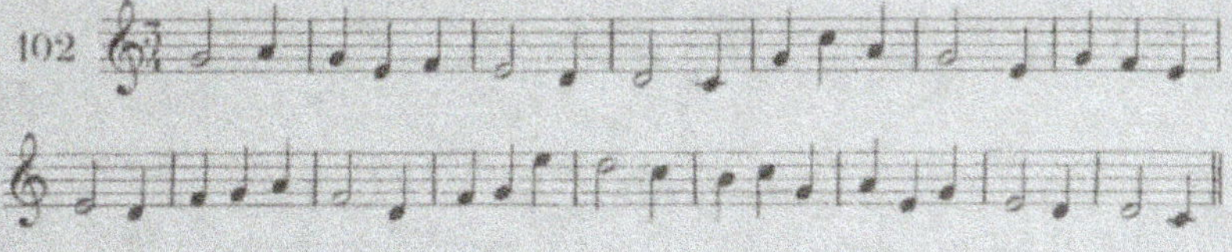

103
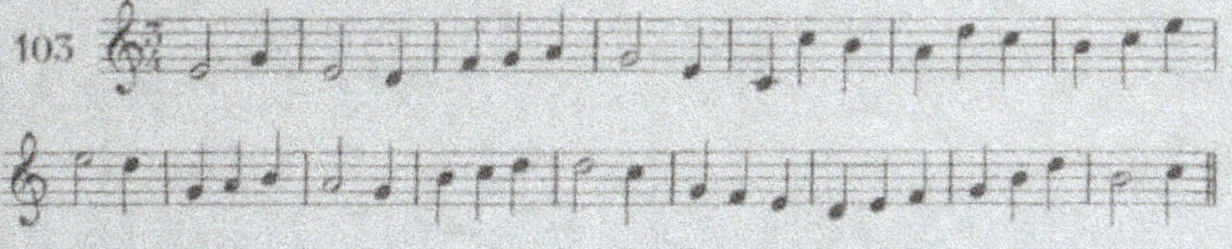

104
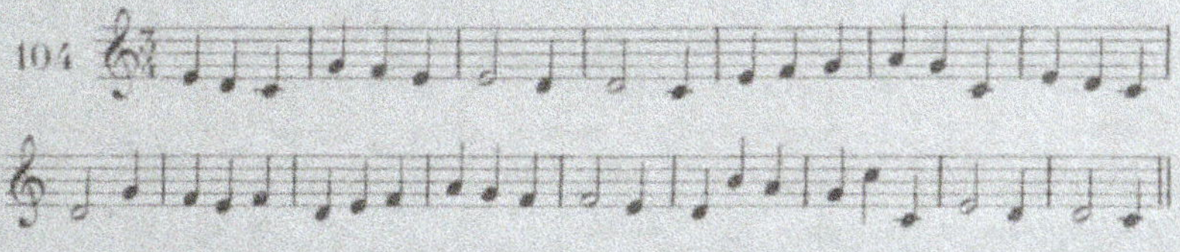

105
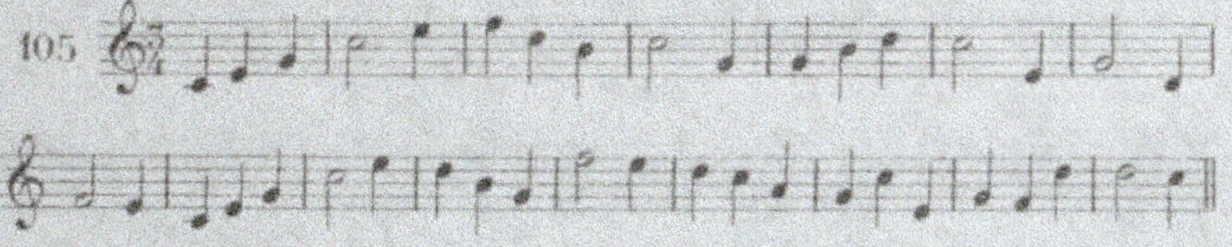

106
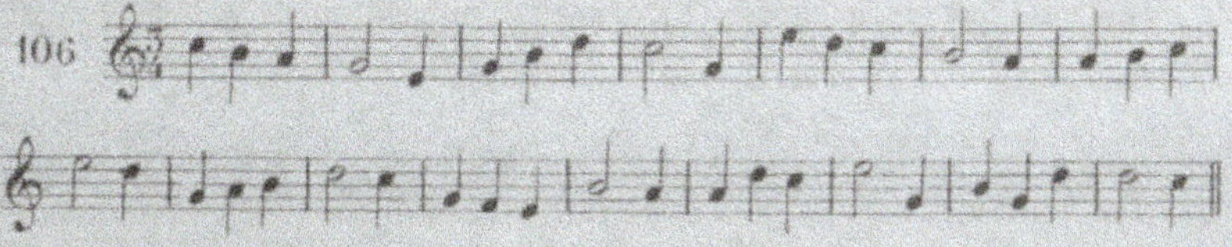

107
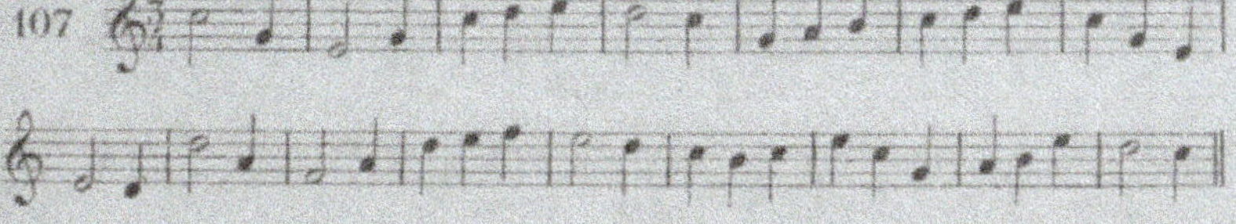

108

109

110

Mélange de blanches et de noires
Combinaison : une noire et une blanche
1ᵉ 2ᵉ 3ᵉ

111

112

113

Melange de blanches et de noires

Réunion des deux combinaisons précédentes

126

127

128

129

130

131

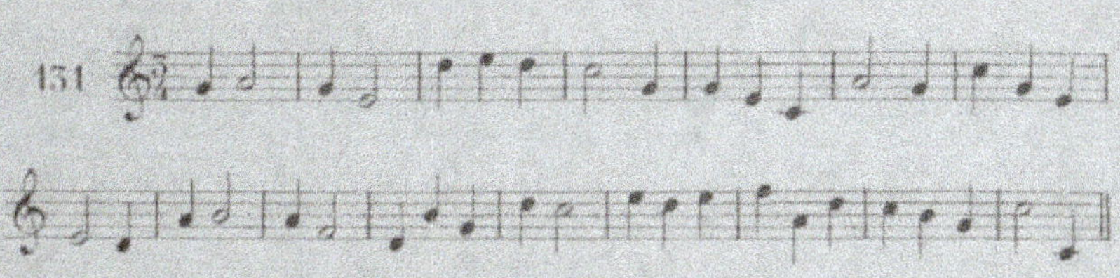

MESURE A 4 TEMPS

Combinaison : une ronde

Combinaison: deux blanches

Mélange de rondes et de blanches

Combinaison : une blanche et deux noires

Combinaison: deux noires, une blanche

Mélange des deux combinaisons précédentes

171

172

173

Combinaison: quatre noires
1ᵉ 2ᵉ 3ᵉ 4ᵉ

174

175

176

177

178

179

180

181

Résumé de toutes les combinaisons précédentes

DES FIGURES DE SILENCES

51. — Nous avons vu jusqu'ici dans les différentes combinaisons rythmiques que nous avons étudiées, tous les temps représentés par des *sons*. Il arrive cependant très souvent qu'il se produit des interruptions de son dans les mesures. Or, comme les mesures doivent toujours être égales entre elles, c'est-à-dire renfermer le même nombre de temps, on est obligé d'introduire dans ces mesures des signes représentant la durée du silence.

Ces signes se nomment : *Figures de silences*.

52. Définition. — Les figures de silences sont des signes qui marquent l'interruption plus ou moins longue des sons.

(Les silences ont donc pour effet de combler les vides laissés dans les mesures par les figures de notes).

53. — Il y a sept figures de silence qui sont :

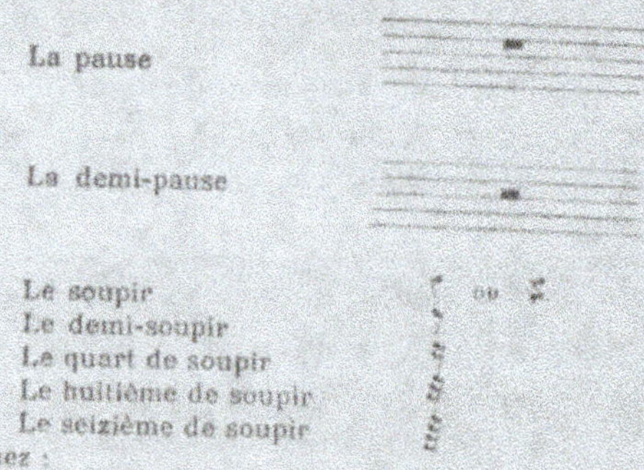

Remarquez :

54. — 1° Que la pause et la demi-pause se représentent par le même signe : un trait horizontal, mais la pause se place au-dessous de la quatrième ligne et la demi-pause au-dessus de la troisième ligne.

2° Que le soupir et le demi-soupir se représentent également par le même signe, mais le soupir s'écrit avec la boucle à droite (à peu près comme un 7 retourné) et le demi-soupir avec la boucle à gauche (à peu près comme un 7).

55. — Les figures de silences étant destinées à remplacer les vides laissés dans les mesures par les figures de notes, il est évident qu'à chacune de ces figures de notes correspond comme valeur une figure de silence.

La pause correspond à la ronde ;
La demi-pause correspond à la blanche ;
Le soupir   —   à la noire ;
Le demi-soupir   —   à la croche ;
Le quart de soupir   —   à la double croche ;
Le huitième de soupir correspond à la triple croche ;
Le seizième de soupir   —   à la quadruple croche.

56. — Bien que la pause corresponde à la ronde, elle représente aussi toujours le silence complet de toute une mesure, que la mesure soit à deux temps, trois temps ou quatre temps.

57. Recommandation importante. — L'élève observera avec soin la valeur exacte des figures de silences, en se rappelant que chaque temps finit au moment précis où il frappe le temps suivant.

ETUDE DES SILENCES (La pause)

(Le soupir)

Combinaison: une noire un soupir

Combinaison : un soupir, une noire

Mélange des deux combinaisons précédentes

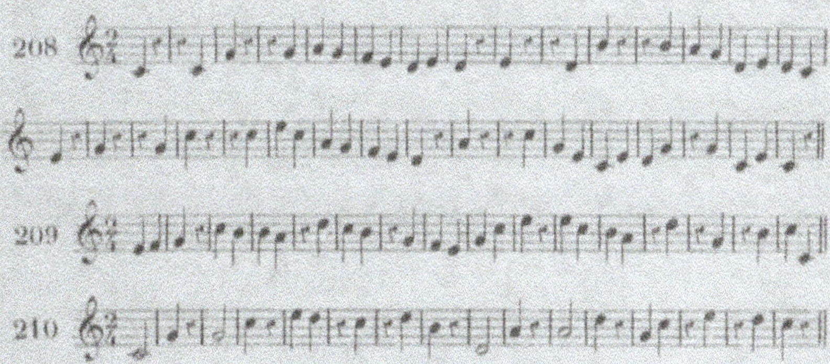

MESURE A 3 TEMPS
ETUDE DU SOUPIR *(suite)*
Combinaison: une noire et deux soupirs

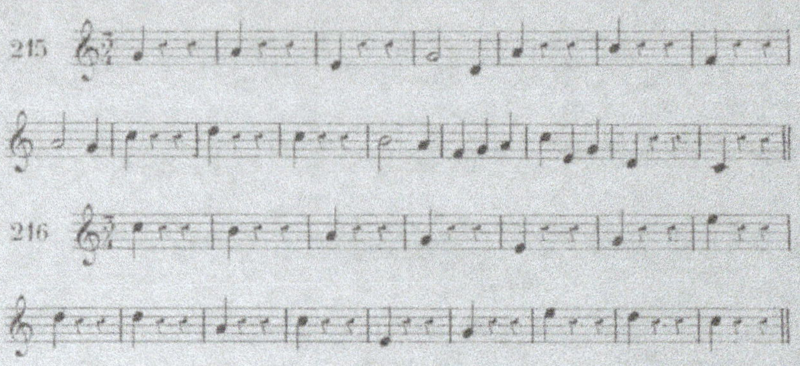

215
216
Combinaison: une noire, un soupir, une noire
1. 2. 3.

217
218
219
220

221 

222

Combinaison : **deux noires, un soupir**

223 

224

225

226

227

228

229

Combinaison: un soupir, une noire, un soupir

230

231

232

233

234

235

Combinaison: un soupir, deux noires

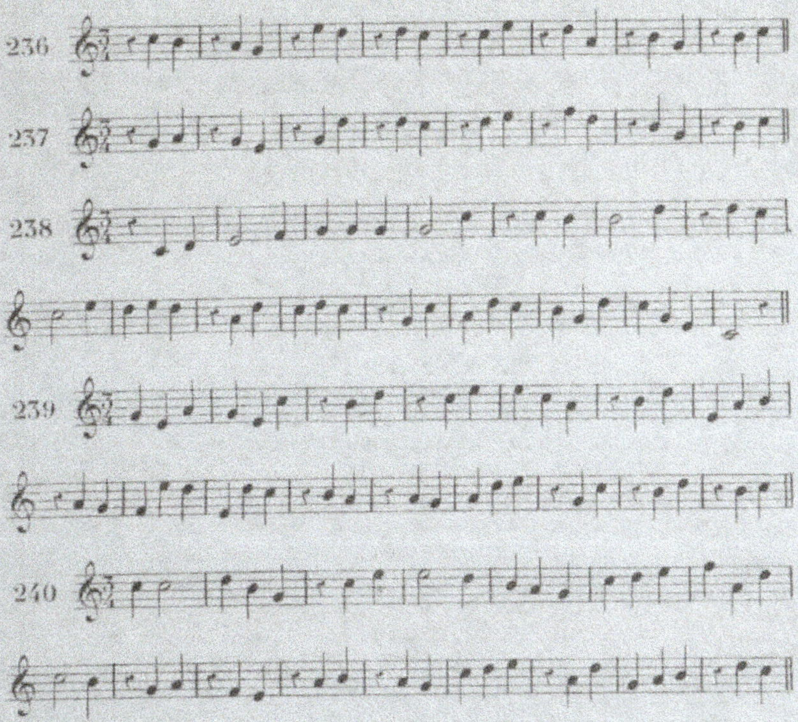

Combinaison: deux soupirs, une noire

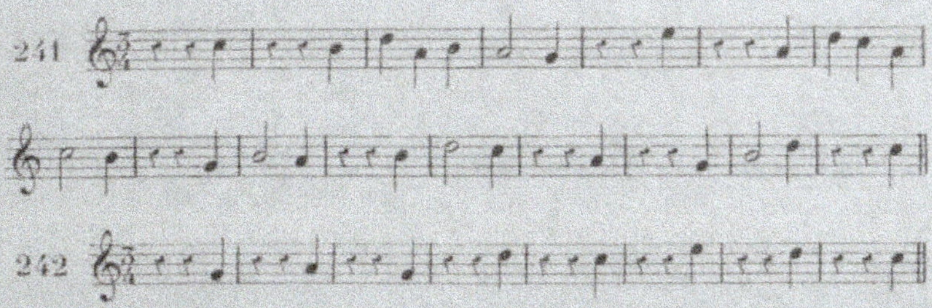

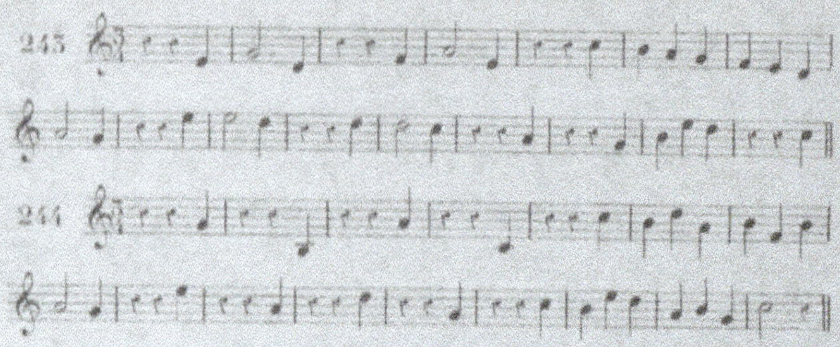

243
244
Combinaison : un soupir, une blanche
1re 2e 3e

245
246
247
248
Combinaison : une blanche, un soupir
1re 2e 3e

249

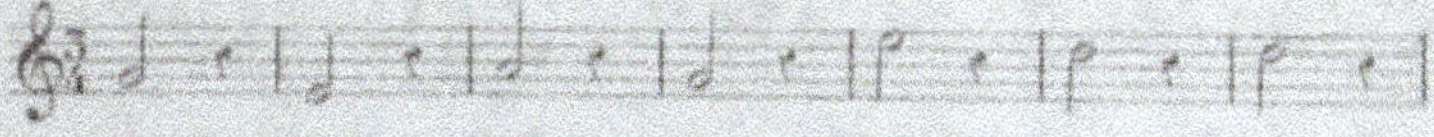

Mélange de toutes les combinaisons précédentes

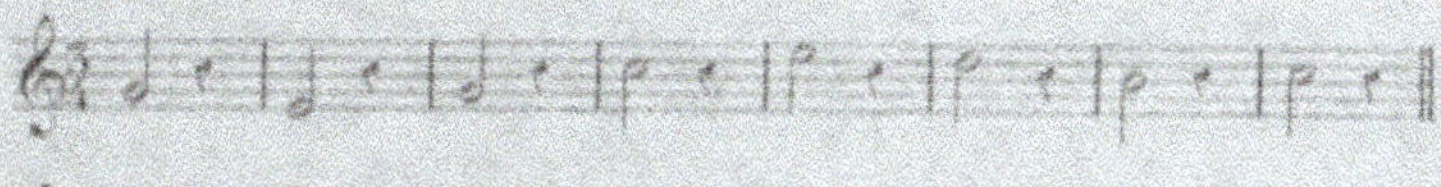

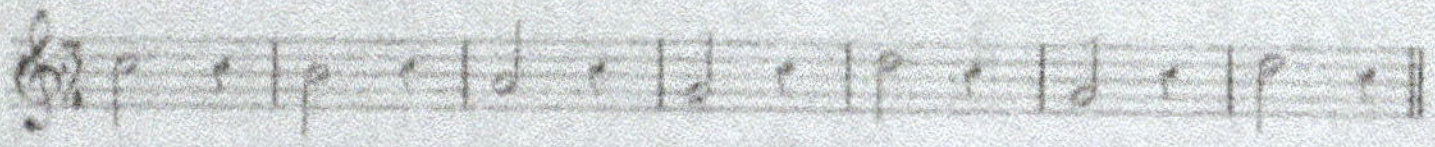

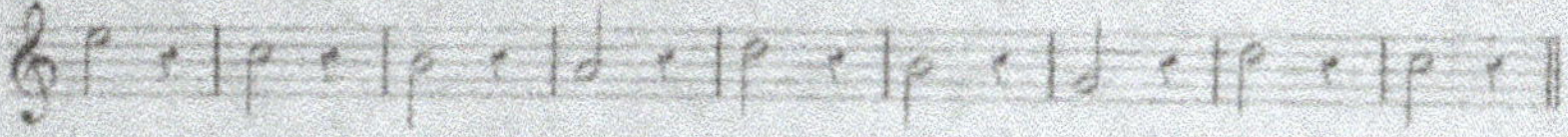

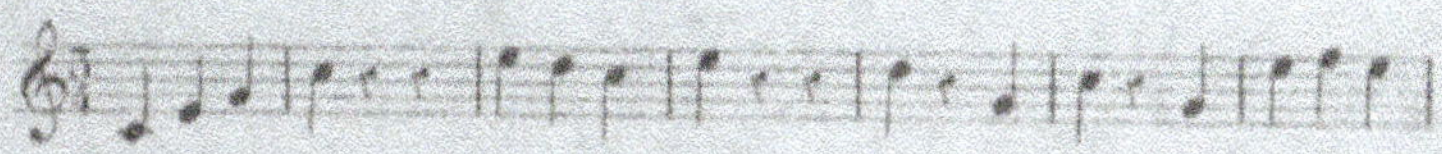

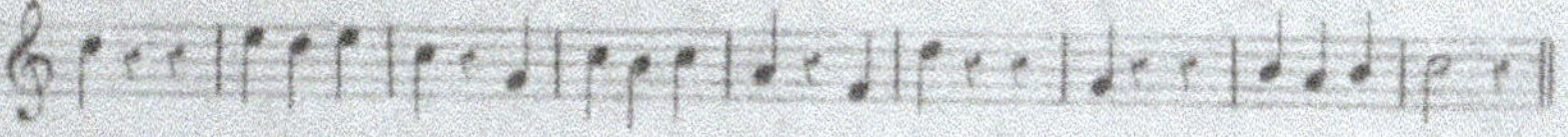

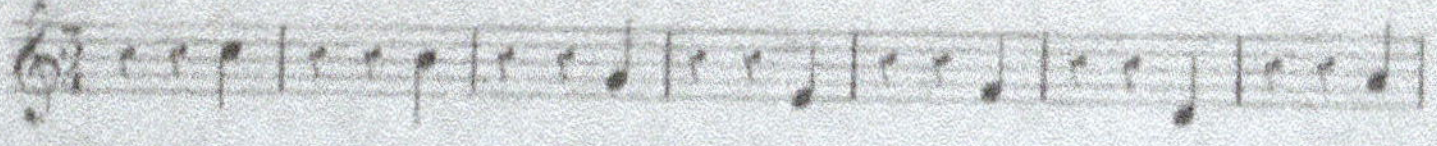

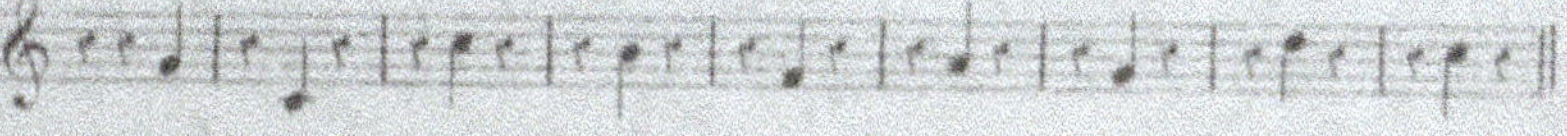

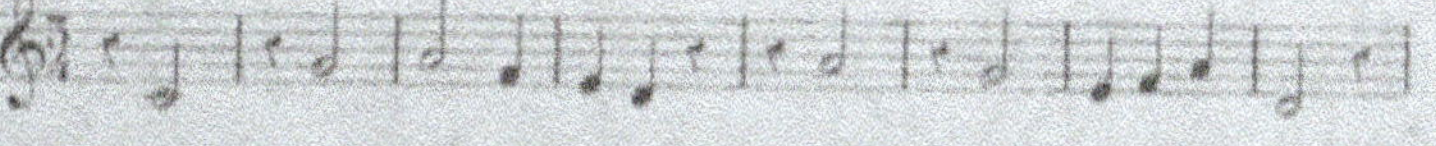

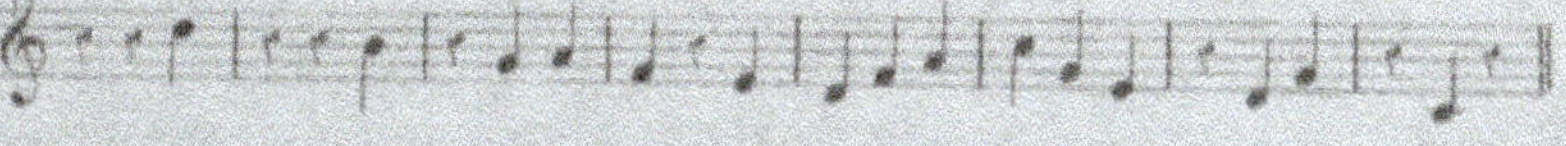

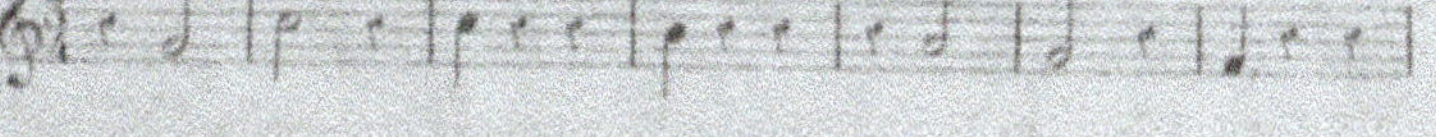

257
258
259
260
261
262
263

MESURE A 4 TEMPS (La pause)

Combinaison : une blanche, une demi-pause

271

272

273

Combinaison : une demi-pause, une blanche

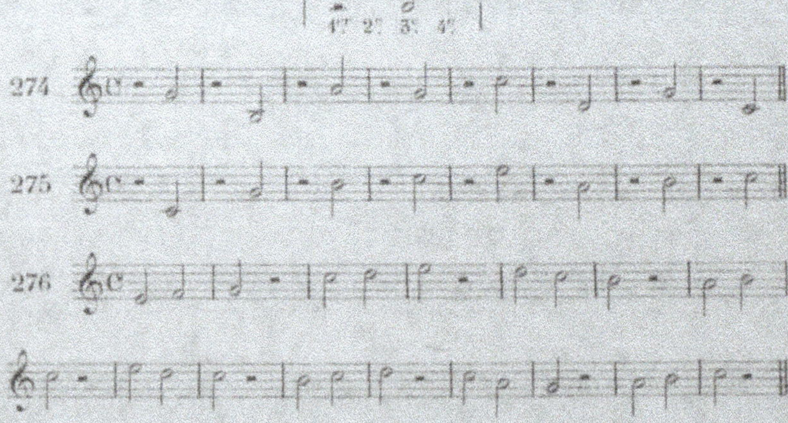

274

275

276

Mélange des combinaisons précédentes

Combinaison : une noire et trois soupirs ou,
ce qui revient au même: une noire
un soupir une demi-pause

Combinaison : un soupir et trois noires

Combinaison : une noire, un soupir, deux noires

Combinaison: **deux noires, un soupir, une noire**

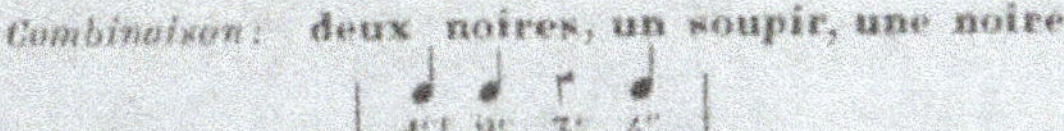

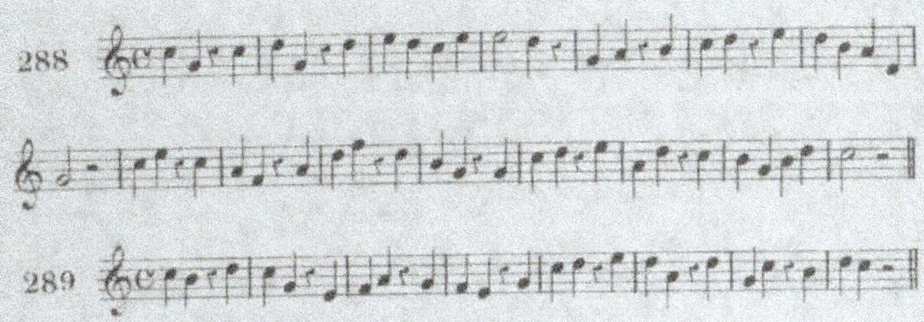

288

289

Combinaison: **trois noires et un soupir**

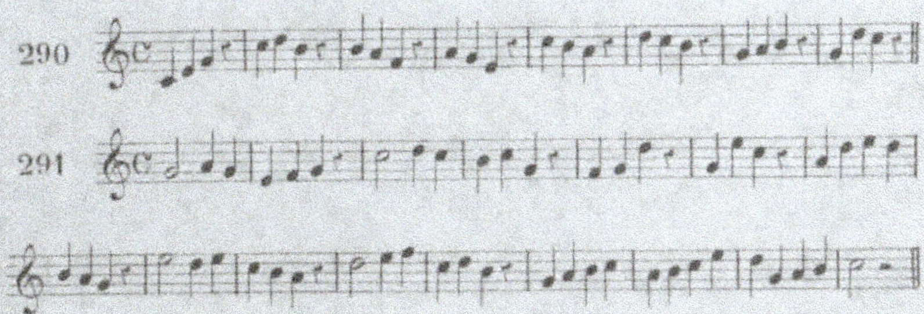

290

291

Combinaison: **une noire, un soupir, une noire, un soupir**

292

293

Combinaison: un soupir, une noire, un soupir, une noire

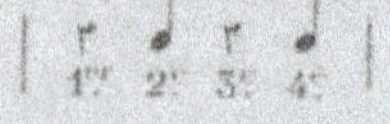

294

Résumé de toutes les combinaisons précédentes

295

296

297

298

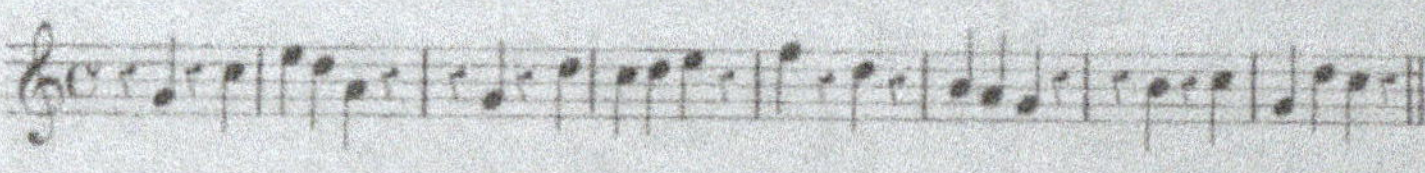

299

DU POINT

58. Définition. — Le point est un signe qui se place après une figure de note et augmente cette note de la moitié de sa valeur.

Ainsi la blanche qui vaut deux temps, vaudra trois temps si elle est pointée, c'est-à-dire qu'elle sera augmentée par l'adjonction du point, de la moitié de sa propre valeur : $2 + 1 = 3$. Au moyen du point et, comme nous le verrons dans une prochaine leçon, de la liaison, on obtient des durées qu'on ne saurait exprimer par les seules valeurs que nous connaissons ; ces valeurs se fractionnant par demi, quart, huitième, seizième de temps ne peuvent fournir des durées équivalentes à des tiers de temps par exemple ?

ETUDE DU POINT

Combinaison : **une blanche pointée**

302

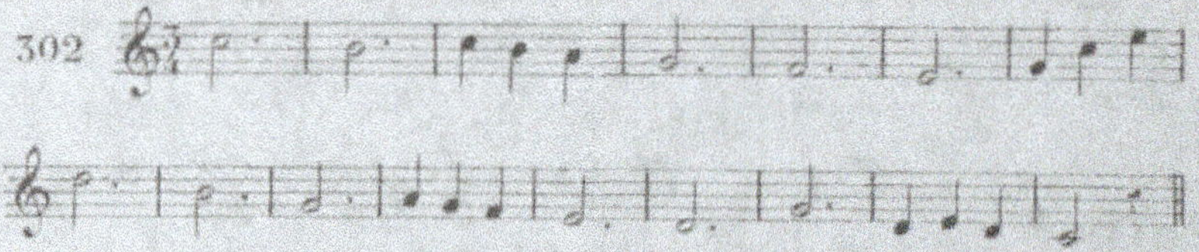

303

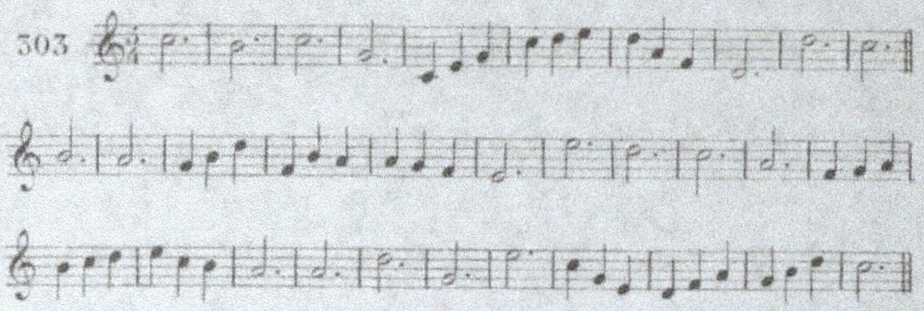

304

305

Combinaison: une blanche pointée, une noire

306

Combinaison: une noire, une blanche pointée

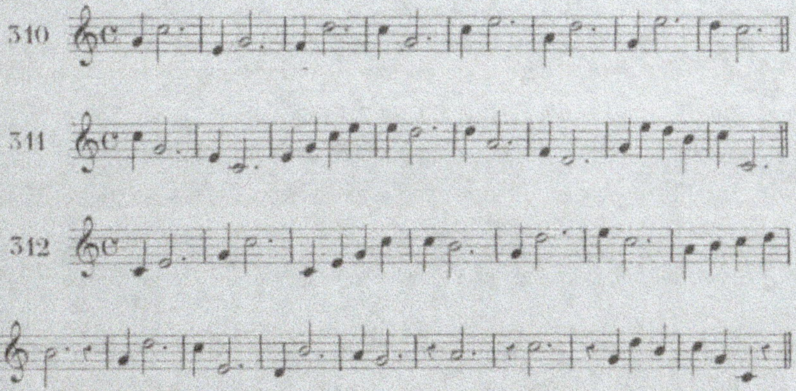

DE LA LIAISON

59. **Définition**. — La liaison est une ligne courbe qui se place sur deux ou plusieurs notes de *même nom*.

60. — La liaison indique que les notes ne doivent pas être répétées, mais tenues pour la valeur qu'elles représentent.

Ainsi dans l'exemple suivant, cette note vaut 6 temps et demi, c'est-à-dire qu'il faudra lui donner une valeur de 6 temps et demi.

DE LA SYNCOPE

61. **Définition**. — La syncope est un son attaqué sur un temps *faible* et se prolongeant sur un temps *fort*.

62. — Nous avons vu page 14 que la mesure se divise en *temps forts* et en *temps faibles* ; or, si, par exception, on intervertit l'ordre de ces temps, il y a *syncope*, en d'autres termes déplacement de l'accentuation rythmique.

Exemple :

Le *do* de l'exemple précédent est une syncope parce qu'il est attaqué sur un *temps faible* (4ᵉ temps) et prolongé, sans être articulé, sur un *temps fort* (1ᵉʳ temps de la mesure suivante).

Autre exemple :

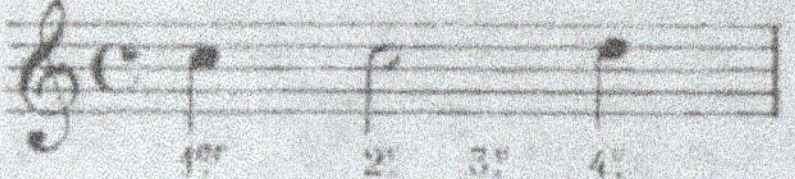

Le *do* blanche est une syncope, parce qu'il est attaqué sur un temps *faible* (2ᵉ temps) et prolongé sur un temps *demi-fort* (3ᵉ temps).

63. — La note syncopée doit toujours être articulée plus vigoureusement.

ETUDE DE LA LIAISON
ET DE LA SYNCOPE

ETUDE PRÉPARATOIRE

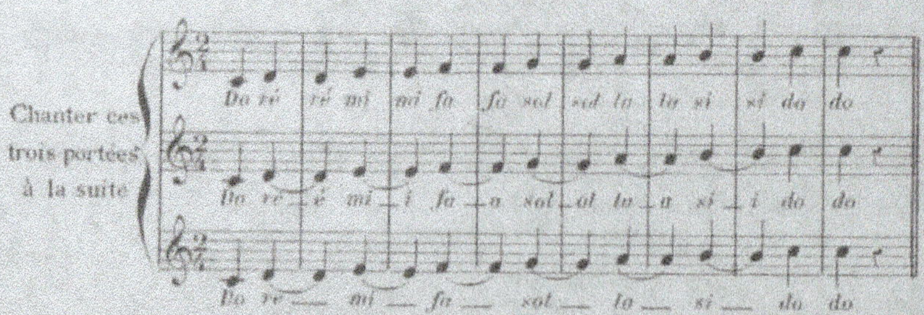

313

314

315

316

317

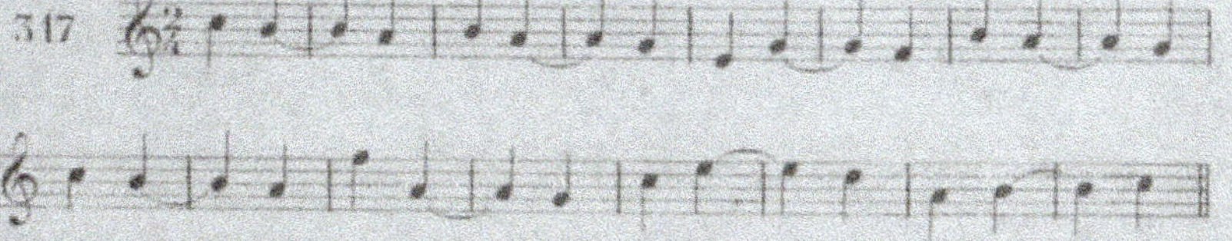

MESURE A 3 TEMPS

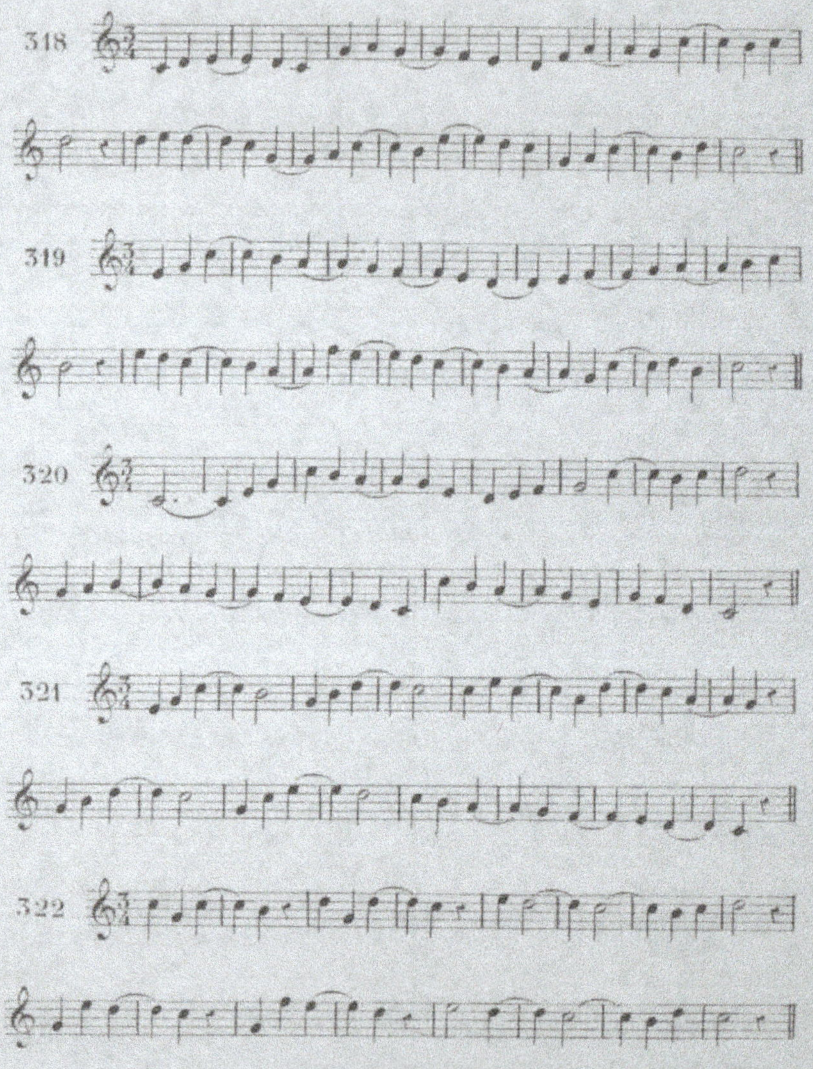

MESURE A 4 TEMPS

323

324

325

326

327

328

Cet ouvrage présenterait une lacune sérieuse, si nous n'y insérions pas des leçons à plusieurs parties.

Non seulement le chant d'ensemble prépare utilement les élèves à l'étude des chœurs, en leur donnant le goût de l'harmonie, mais il contribue puissamment à développer chez eux le sentiment de la tonalité.

Il arrive fréquemment, au début des études, que certains élèves éprouvent une très grande difficulté à chanter la partie inférieure, leur oreille étant influencée par la partie supérieure. Les uns perdent complètement, dès la première mesure, le sentiment de l'intonation, les autres — et c'est surtout dans l'exécution des chœurs avec paroles que le cas se produit — se laissent aller à chanter à l'octave inférieure la partie prédominante. Pour les amener à vaincre cette difficulté, nous proposons les exercices suivants, sur lesquels nous recommandons de revenir jusqu'à ce que la justesse soit parfaite.

Ces exercices, comme on le remarquera, sont écrits de telle sorte que la partie inférieure s'exécute d'abord isolément pour bien s'affermir et se répète, aussitôt après, avec une partie supérieure.

329

330

331

332

333

334

335

336
337
338
339
340
341
342

349
350
351

360
361
362
363

364
365
366
367
368

569
370
371
372

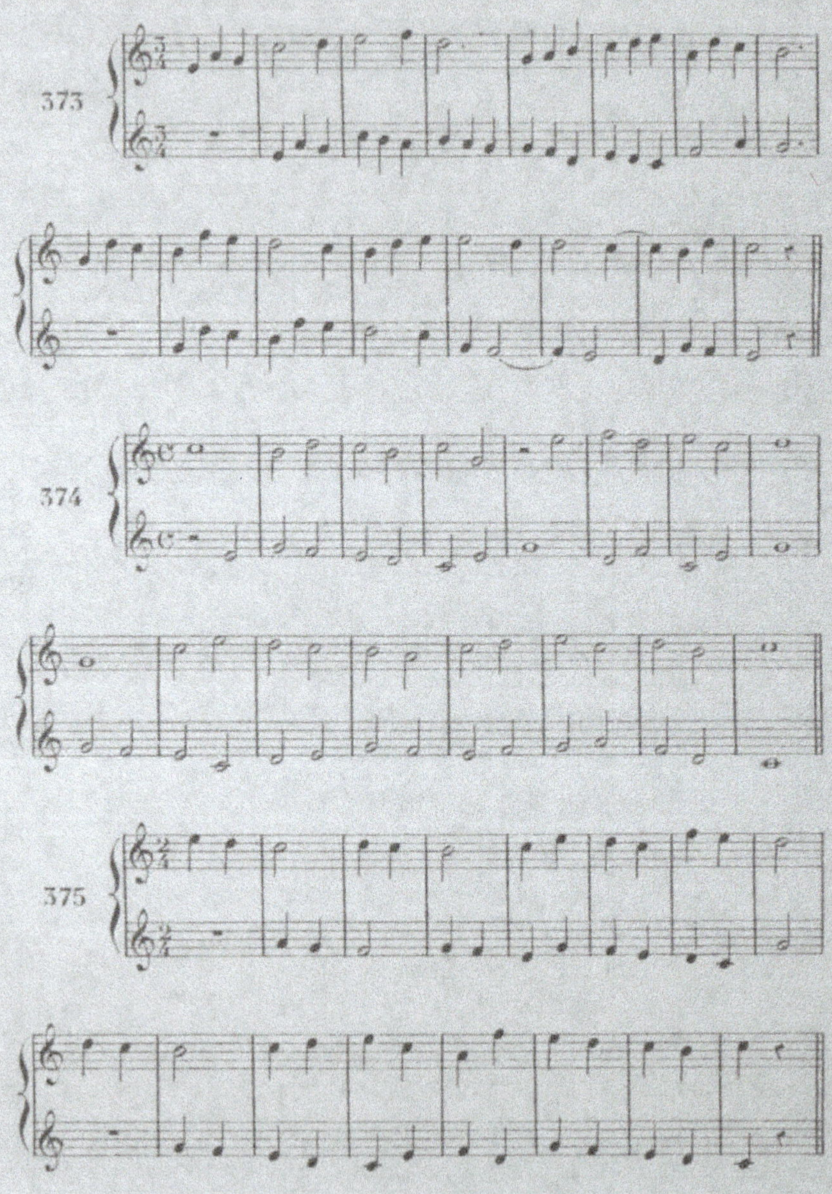

373
374
375

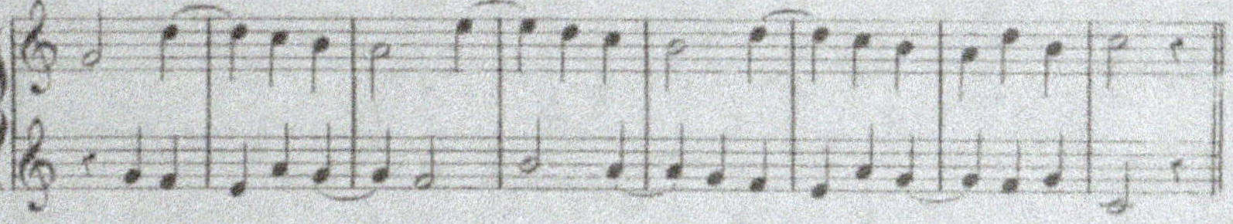

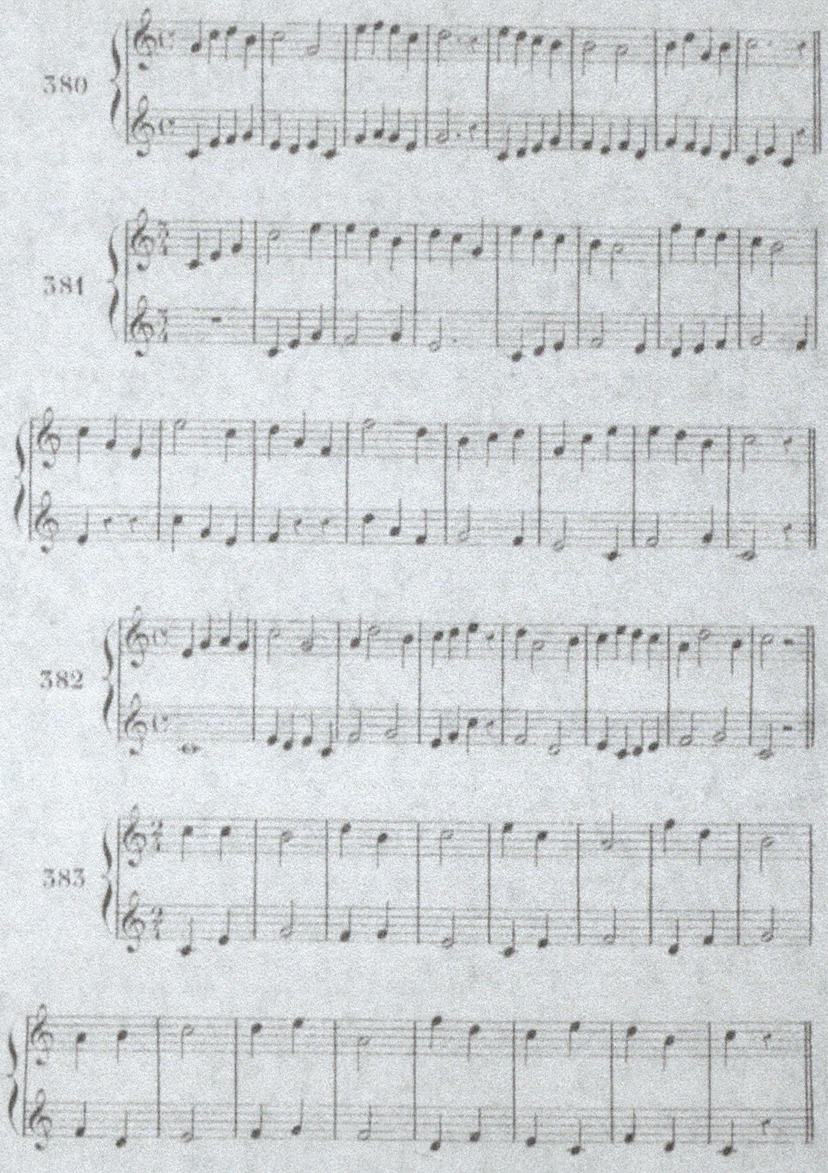

380

381

382

383

384

385

386

387

388

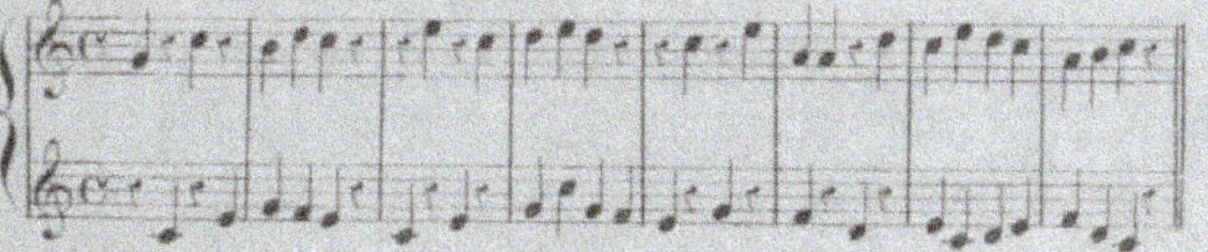

389
390
391
392

393
394
395
396
397

ÉTUDE DE LA CROCHE

64. — L'exécution des leçons avec croches présente souvent une assez grande difficulté au début des études, l'élève étant obligé de chanter *deux* notes par temps tandis qu'il ne fait *qu'un* seul mouvement de la main. Il arrive en général que, dérouté par cette répartition de deux notes en un temps, il précipite les mouvements de la main et rompt, par conséquent, l'égalité de la mesure.

Voici un excellent moyen que nous préconisons pour obvier à cet inconvénient.

Supposons le fragment mélodique suivant :

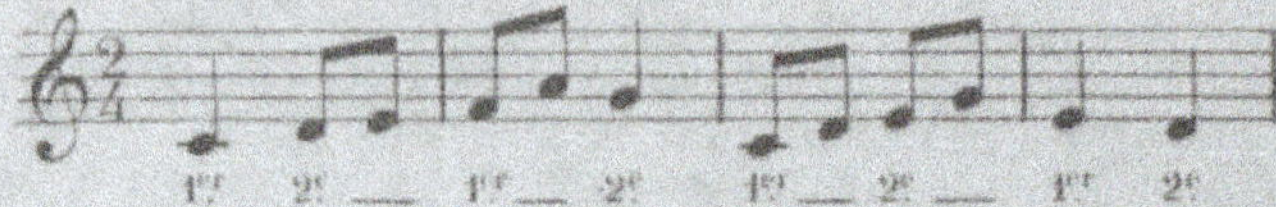

Nous remarquons que le *mi* de la première mesure se trouve sur la seconde moitié du second temps ; que le *la* de la deuxième mesure se trouve sur la seconde moitié du premier temps ; que le *ré* de la troisième mesure se trouve sur la seconde moitié du premier temps et enfin que le *sol* de la troisième mesure se trouve sur la seconde moitié du second temps.

Les notes qui tombent sur le *frappé* des temps sont donc, dans la première mesure *do* et *ré*, dans la deuxième mesure *fa* et *sol*, dans la troisième mesure *do* et *mi*. L'élève commencera, en conséquence, par lire, sans chanter, mais en rythmant, les notes placées sur les frappés des temps en négligeant les autres notes.

L'exemple précédent se lira donc comme suit :

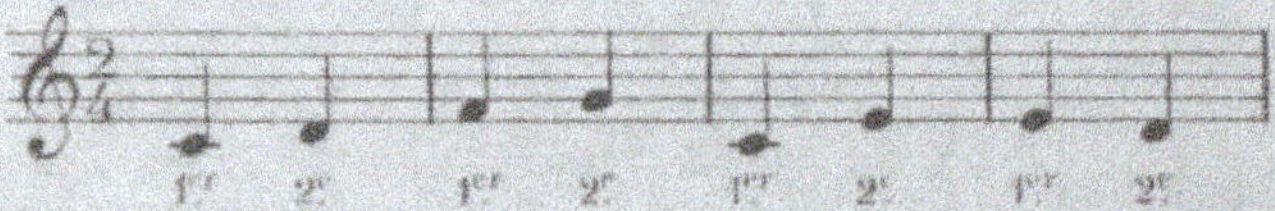

Puis, lorsque l'élève aura bien remarqué les notes qui tombent sur le frappé des temps, il lira la leçon telle qu'elle est écrite, mais en ayant soin d'accentuer légèrement les notes qui occupent ces frappés de temps.

Plus que jamais nous recommandons instamment *de lire d'avance* mais sans altérer la précision des mouvements du bras.

65. — Voici d'ailleurs des exercices préparatoires sur lesquels on ne saurait trop revenir en se rappelant, une fois de plus, que les temps doivent être battus avec la plus grande régularité et sans les traîner.

Nous mettons à dessein en plus gros caractères, les notes qui se trouvent sur les frappés des temps.

Chanter d'abord la première portée

de chaque exercice plusieurs fois

puis passer à la seconde

ÉTUDE DE LA CROCHE

Combinaison: **deux croches, une noire**

Combinaison: **une noire, deux croches**

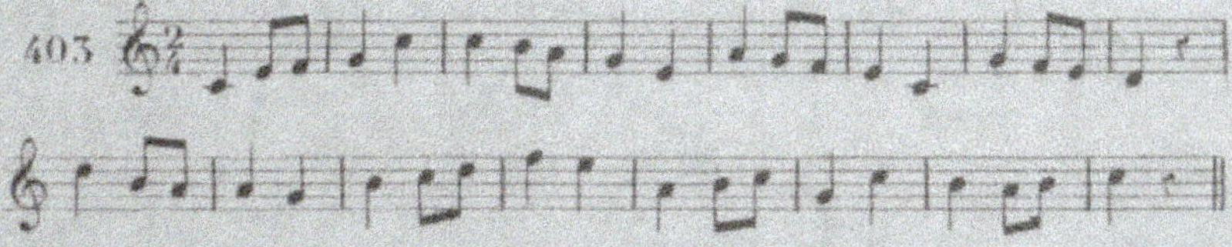

404
405
406
407
408
Combinaison : quatre croches
1er   2e
409

410

411

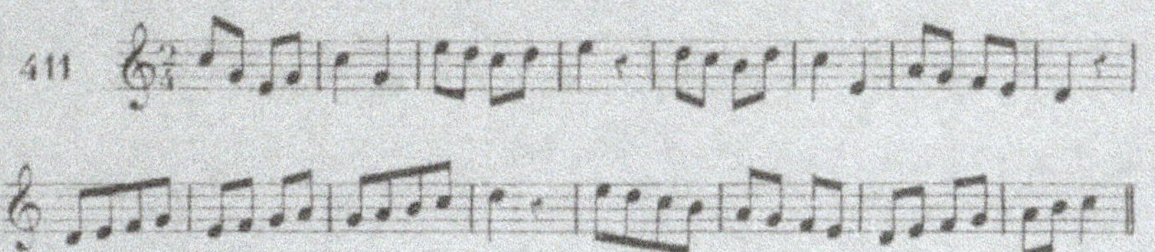

412

413

414

415

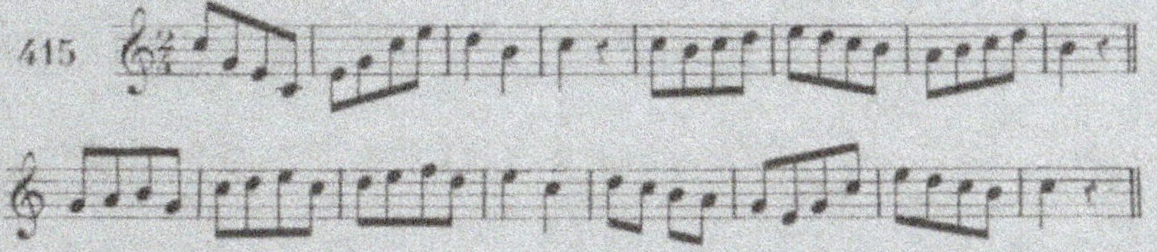

Mélange des combinaisons précédentes

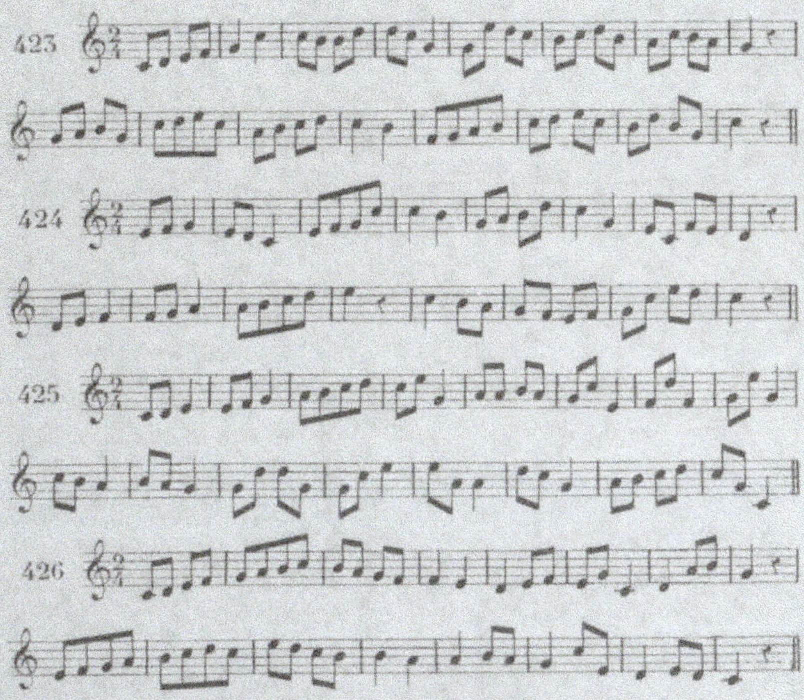

423
424
425
426
MESURE A 3 TEMPS
Combinaison: deux croches deux noires
1er 2e 3e

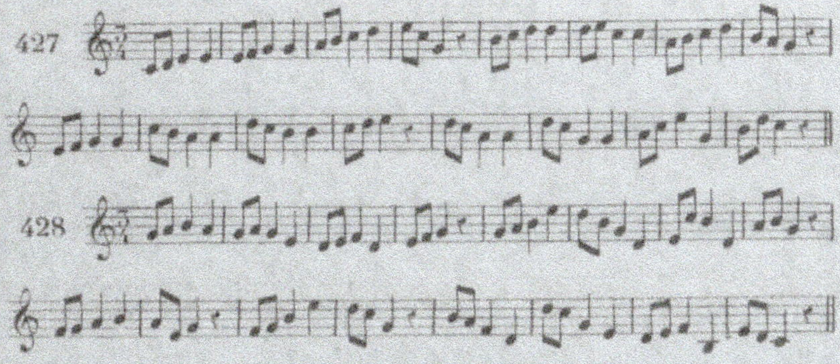

427
428

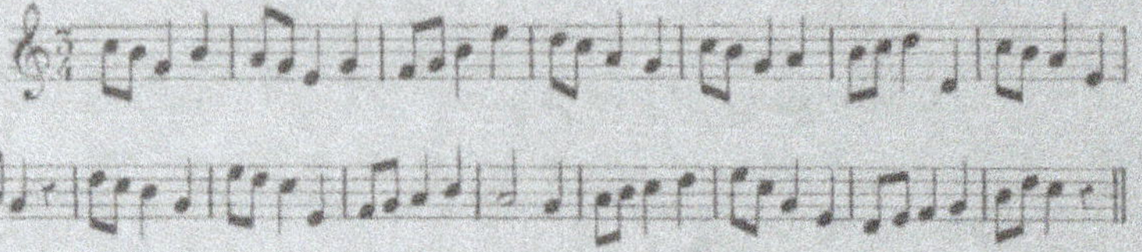

Combinaison: une noire, deux croches, une noire

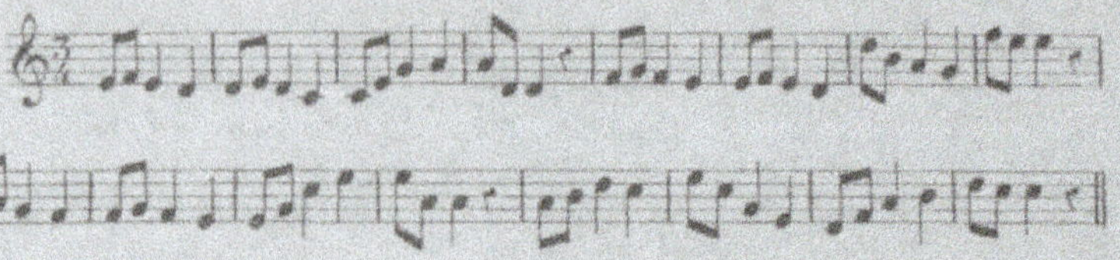

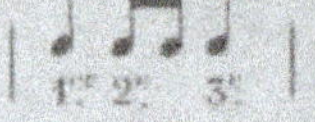

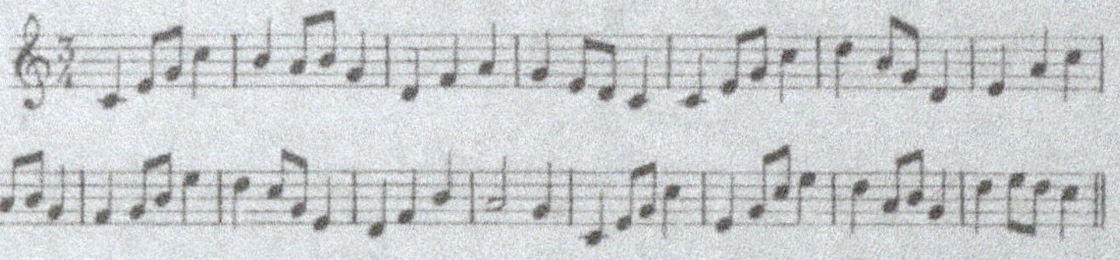

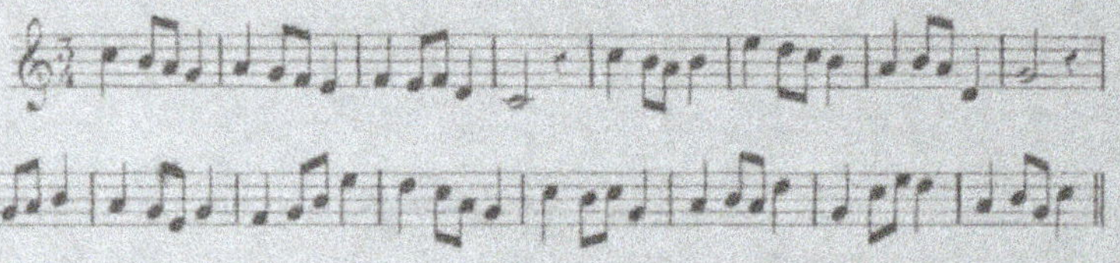

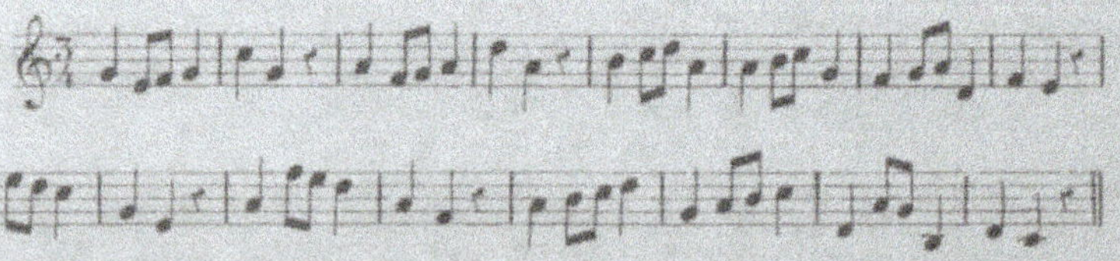

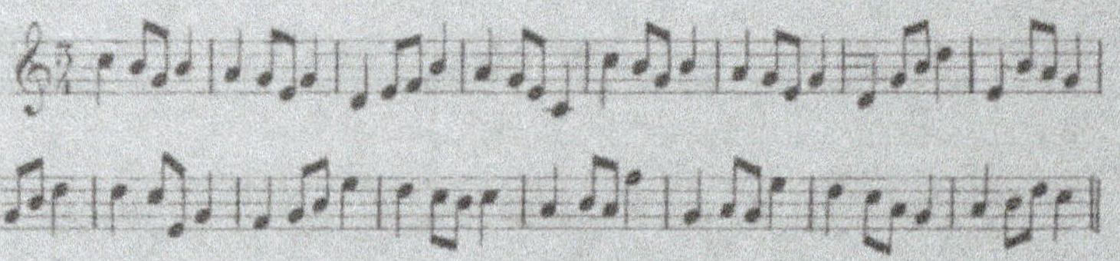

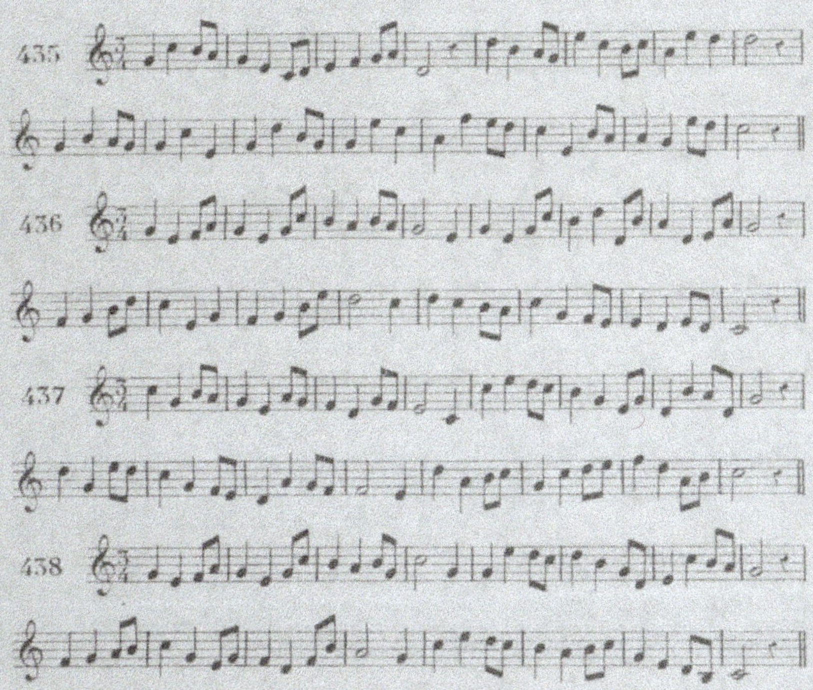
Combinaison: deux noires, deux croches
1er 2e 3e
435
436
437
438
Combinaison: six croches
1er 2e 3e
439
440

441

Mélange des combinaisons précédentes

442

443

444

445

446

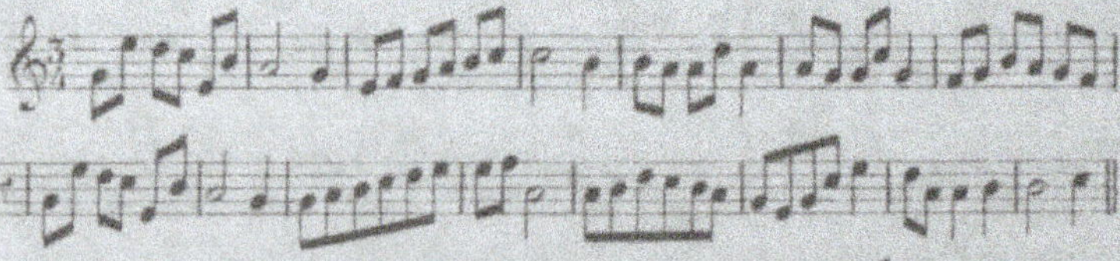

447

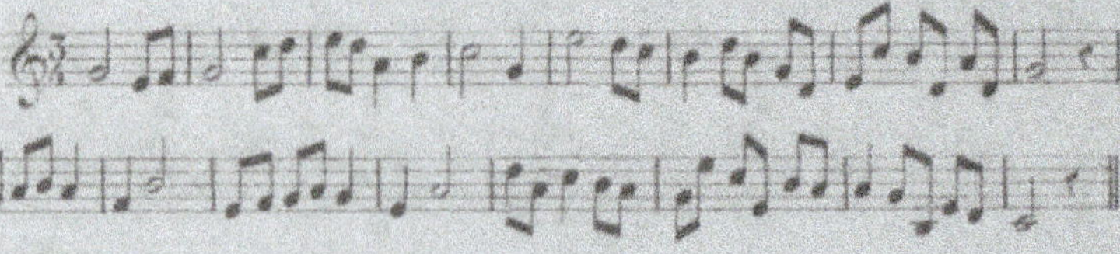

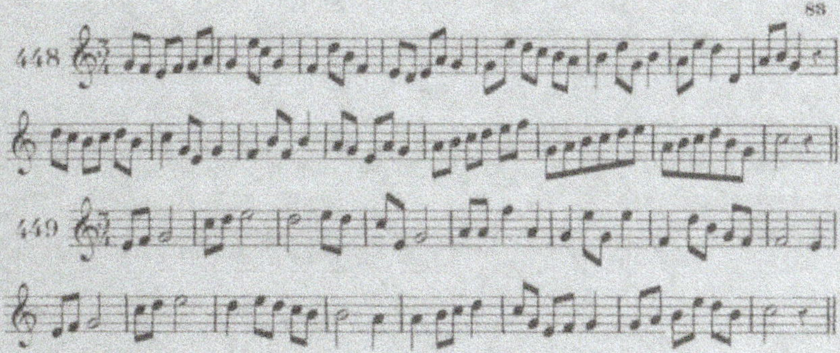
448
449
MESURE A 4 TEMPS
Combinaison: deux croches, trois noires
1re 2e 3e 4e
450
451
452
453
Combinaison: une noire, deux croches, deux noires
1re 2e 3e 4e
454
455
456
457

Combinaison: deux noires, deux croches, une noire

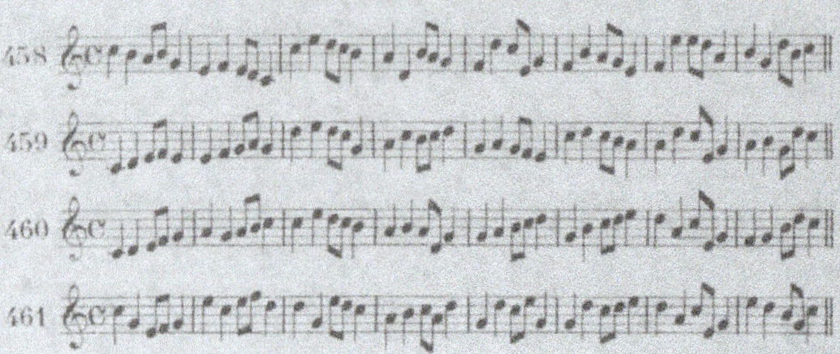

Combinaison: trois noires, deux croches

Mélange des combinaisons précédentes

467

468

469

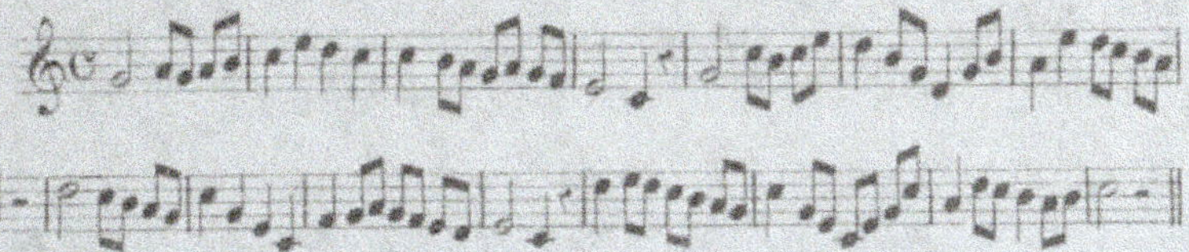

470

471

472

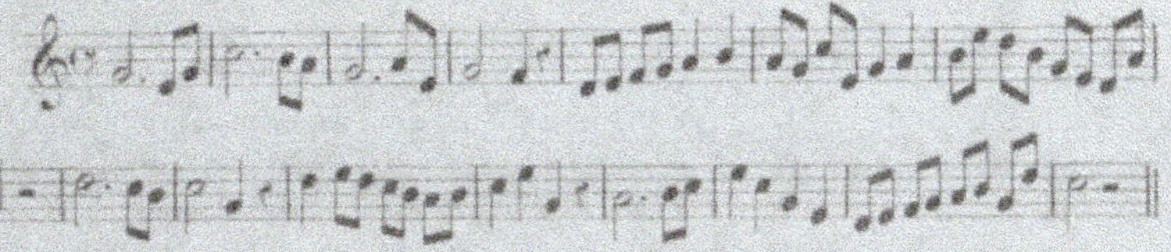

473

LEÇONS A DEUX PARTIES

477
478
479

480
481
482

483

484

485

TONS ET DEMI-TONS

66. 1ʳᵉ Définition. — On appelle *ton* la plus grande distance qui sépare deux sons se suivant dans l'ordre de la gamme.

67. 2ᵉ Définition. — On appelle *demi-ton* la plus petite distance qui sépare deux sons se suivant dans l'ordre de la gamme.

68. — Replaçons d'abord sous les yeux de l'élève la gamme diatonique majeure.

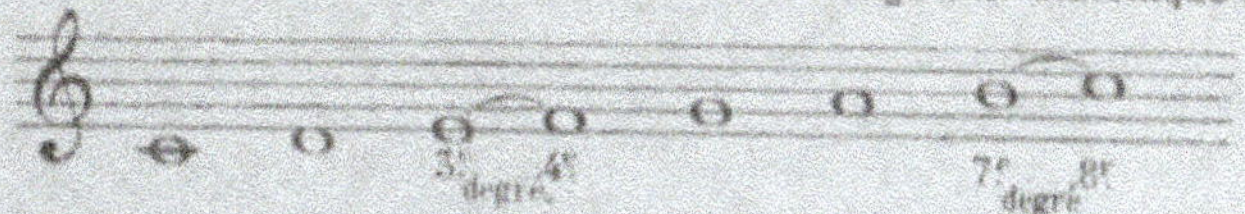

Remarquons que les degrés de cette gamme ne sont pas également espacés entre eux. Ainsi entre le 3ᵉ et le 4ᵉ degré (mi-fa) et entre le 7ᵉ et le 8ᵉ degré (si-do) la distance est plus petite qu'entre les autres degrés de la gamme.

Nous pouvons nous en convaincre facilement, en nous rendant compte qu'entre *do et ré, ré et mi, fa et sol, sol et la, la et si*, on peut faire entendre un son parfaitement distinct. Mais entre *mi et fa* et entre *si et do* cette opération est impossible, les deux sons étant trop rapprochés l'un de l'autre.

(Le maître chantera plusieurs fois de suite la seconde, *do-ré*, qu'il vocalisera ensuite et qu'il répétera enfin et toujours en vocalisant et en intercalant le son intermédiaire qui est *do dièse*, en ayant bien soin de mettre ce *do dièse* en relief.

Exemple :

Cet exemple sera répété avec *ré-mi, fa-sol, sol-la, la-si.* Si le maître dispose d'un piano ou d'un orgue la démonstration sera plus facile encore.

69. — La gamme majeure renferme donc *cinq* tons et *deux* demi-tons.

DIVISION DU TON

DU DIÈSE

70. Définition. — Le dièse est un signe qui hausse l'intonation d'une note d'un demi-ton.

71. — Le dièse qui se représente ainsi ♯ se place *immédiatement* avant la note qu'il hausse, sur la même ligne ou dans le même interligne qu'elle.

72. — Nous venons de voir, qu'entre toute distance *d'un*

ton, on peut faire entendre un son bien distinct. Le ton peut donc se diviser en deux parties ou demi-tons et c'est au moyen du dièse qu'on obtient cette division.

Ainsi, si nous plaçons un dièse devant un *do*, ce *do* sera chanté *un demi-ton* plus haut que le *do* de la gamme majeure.

Exemple :

de *do* à *ré*Il y a *un ton*

Or, entre *do* et *ré* nous pouvons placer un son qui sera *do dièse*.

Exemple :

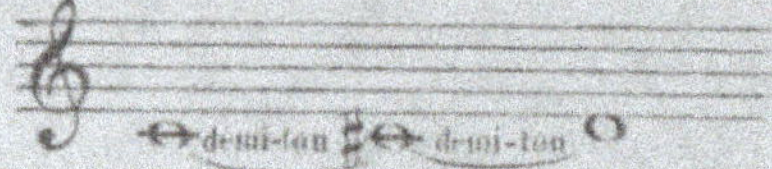

Il y a donc de *do* à *do dièse* un demi-ton et également un demi-ton de *do dièse* à *ré*.

DEMI-TON DIATONIQUE — DEMI-TON CHROMATIQUE

73. 1re **Définition**. — Le demi-ton diatonique est formé par deux notes de noms différents.

74. — 2e **Définition**. — Le demi-ton chromatique est formé par deux notes de même nom dont l'une est diésée ou bémolisée (voir pour le bémol page 98).

Mi-fa, si-do, do dièse, ré, sont des demi-tons diatoniques.

Do, do ♯ — ré, ré ♯ — fa, fa ♯, sont des demi-tons chromatiques.

75. — Le dièse placé devant une note a son effet sur toutes les notes de *même nom* placées dans la même mesure et à quelque octave que ces notes appartiennent.

Ainsi dans cet exemple :

Le *fa* qui se trouve sur la seconde partie du 2e temps et le *fa* qui se trouve à *l'octave*, sur la première partie du 4e temps, doivent être chantés comme s'ils étaient précédés d'un dièse. Mais dans la seconde mesure, le dièse perd son effet et le *fa* doit, par conséquent, être chanté comme celui de la gamme majeure.

DU BÉCARRE

76. **Définition** — Le bécarre est un signe qui détruit l'effet du dièse.

77. — Le bécarre qui se représente ainsi ♮, se place immédiatement avant la note dont il modifie le son, sur la même ligne ou dans le même interligne qu'elle.

Exemple :

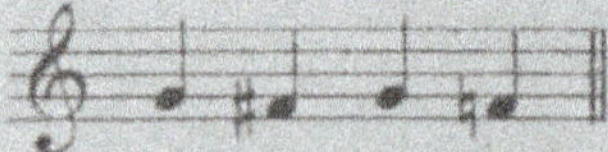

Dans cet exemple, le dièse perd son effet devant le *fa* du 4e temps.

ÉTUDE DU DIÈSE

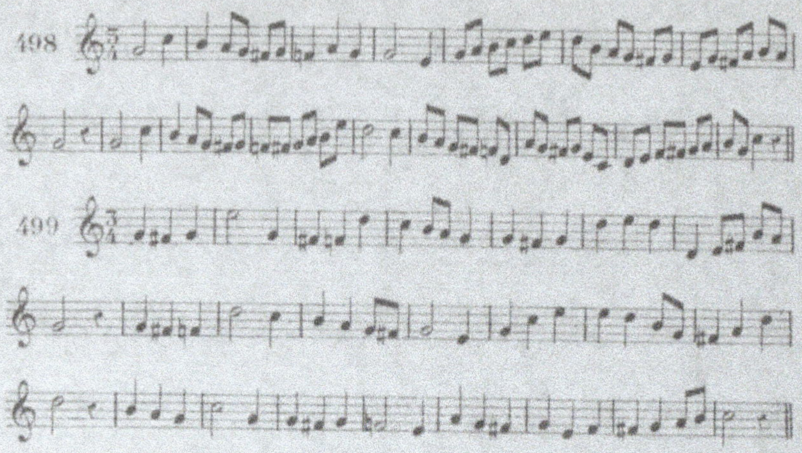

ETUDE DU DO DIÈSE

ETUDE DU SOL DIÈSE

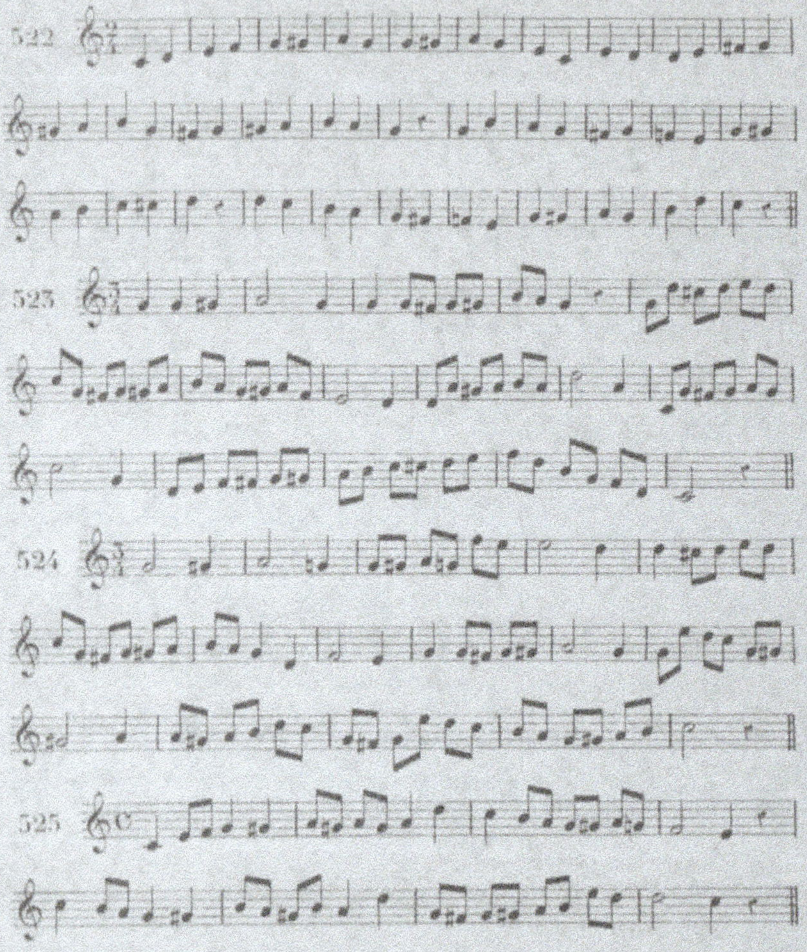

522

523

524

525

ETUDE DU RÉ DIÈSE

526   527   528   529   530   531

532   533   534   535   536

537 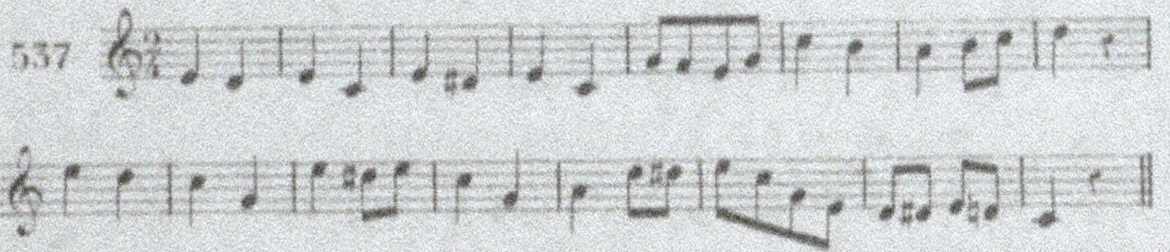

538 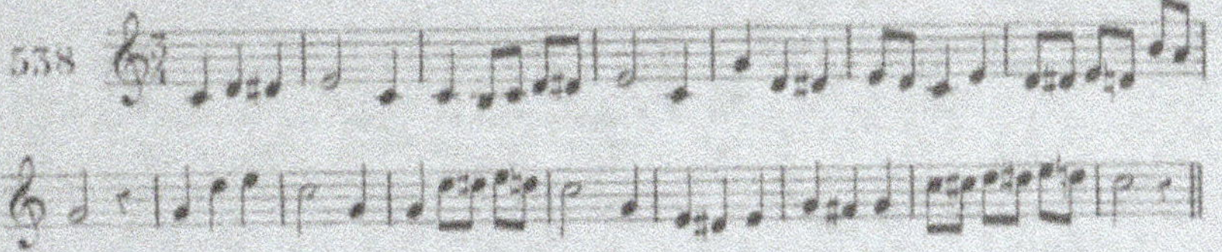

539 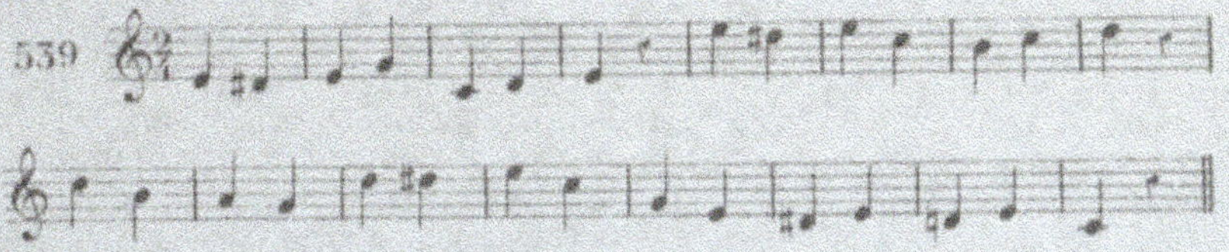

540 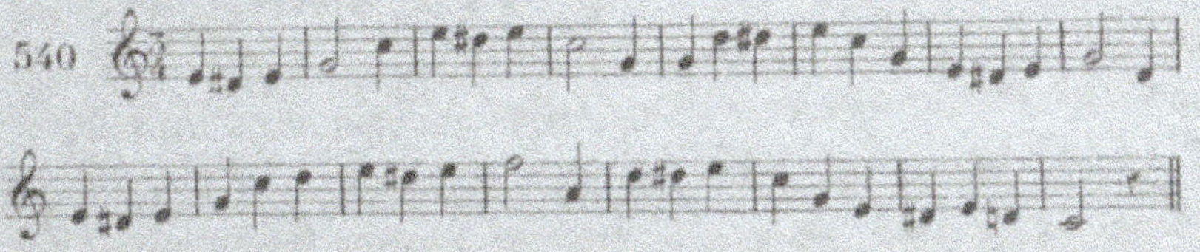

541 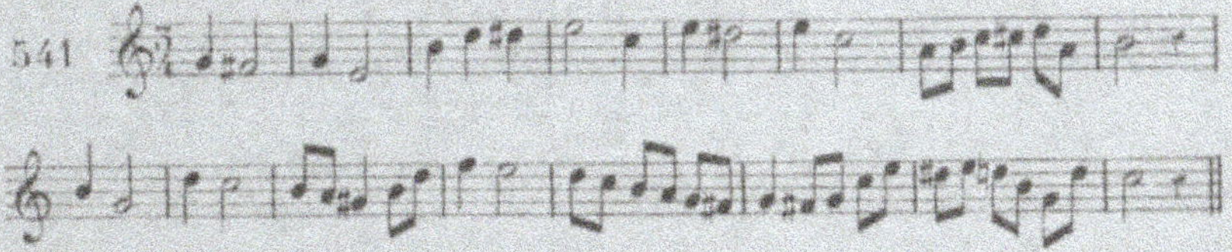

542 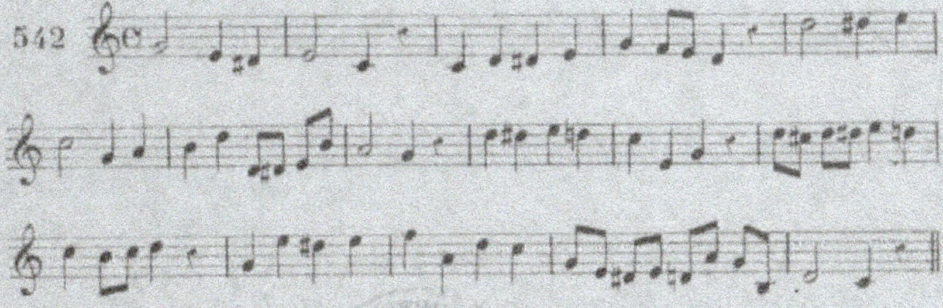

DU BÉMOL

78. — Définition. — Le bémol est un signe qui abaisse l'intonation d'une note, d'un demi-ton.

79. — Le bémol qui se représente ainsi ♭, se place immédiatement avant la note qu'il abaisse, sur la même ligne ou dans le même interligne qu'elle.

Exemple :

Ainsi, si nous plaçons un bémol devant un *ré*, ce *ré* sera chanté un demi-ton *plus bas* que le *ré* de la gamme majeure.

Exemple :

de ré à do 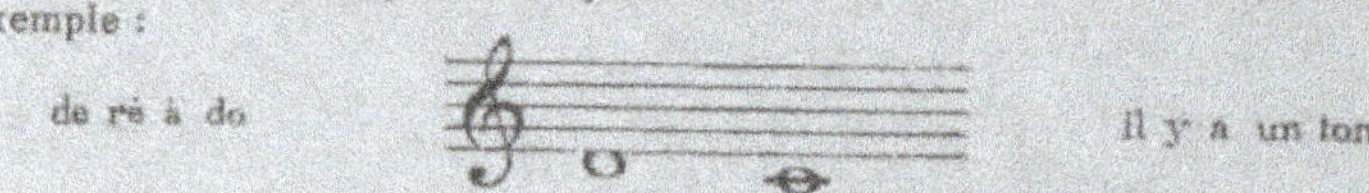 il y a un ton

Or, entre *ré* et *do* nous pouvons placer un son qui sera *ré* bémol.

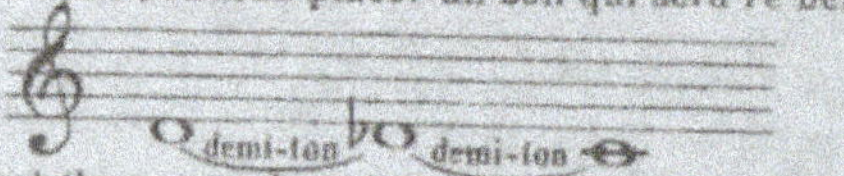

De *ré* à *ré* bémol il y a un *demi-ton chromatique* et de *ré* à bémol *do*, un *demi-ton diatonique*.

80. — Le dièse ou le bémol placé devant une note prend le nom d'*altération accidentelle* ou *accident*.

81. — Le bécarre qui détruit l'effet du dièse, détruit également l'effet du bémol.

Remarque. — Quoique le dièse ou le bémol placé devant une note dans le courant d'une mesure, perde son effet dans la mesure suivante, il arrive souvent que les compositeurs, afin de mettre l'exécutant en garde contre les fautes qui pourraient se produire, font cependant usage du bécarre. Le bécarre devient dans ce cas, un signe de *précaution*.

Exemple :

ETUDE DU BÉMOL

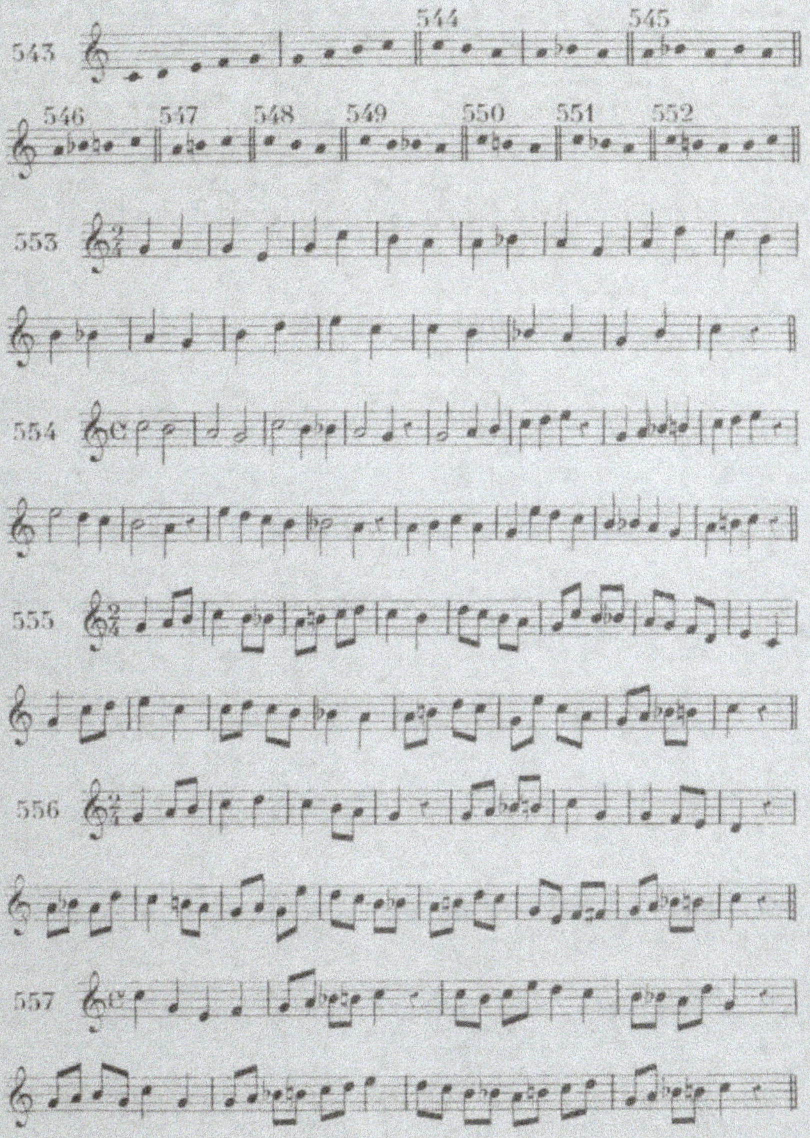

ETUDE DU MI BÉMOL

576

577

578

ETUDE DU LA BÉMOL

580 581 582 583 584

579

585

586

587

588

589

ETUDE DU RÉ BÉMOL

590 · 591 · 592 · 593 · 594 · 595

596 · 597 · 598 · 599 · 600 · 601

602

603

LEÇONS A DEUX PARTIES

608

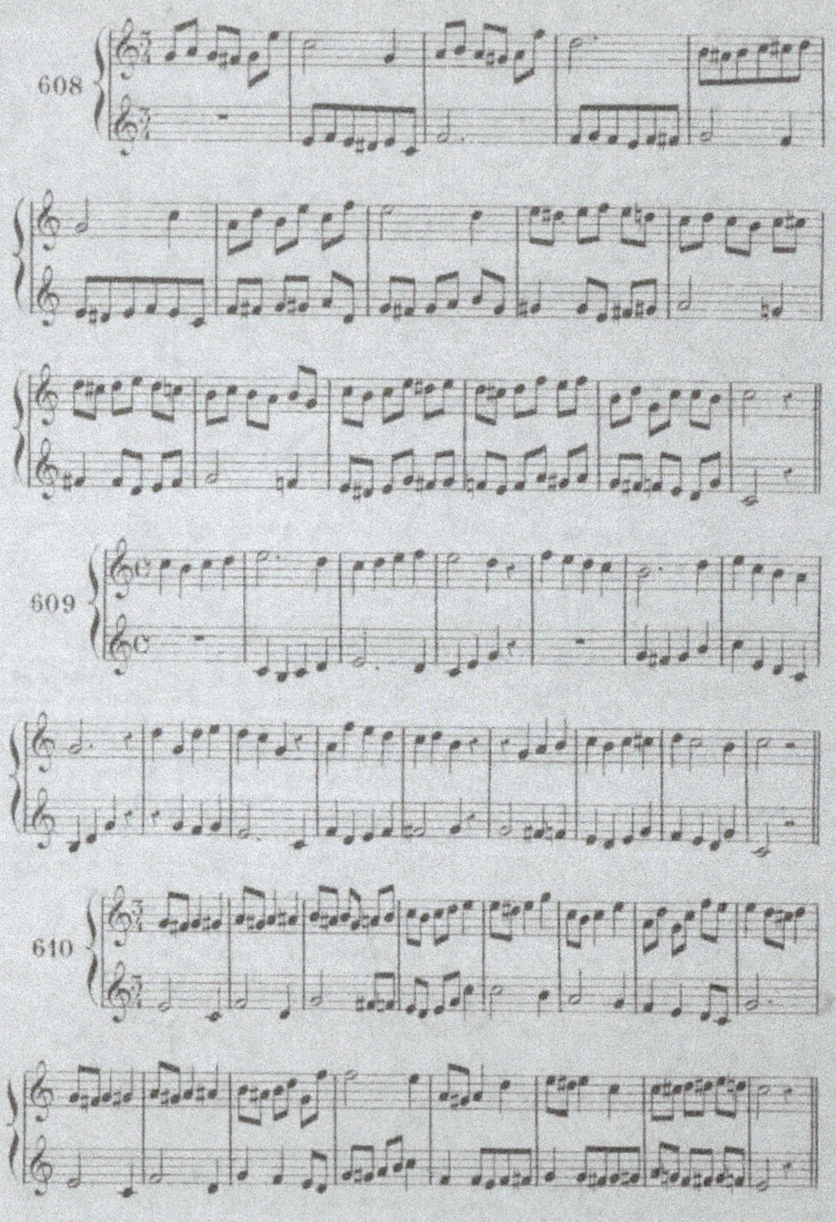

609

610

611
612
613
614

9 782329 245751